이기는 대화

이기는 대화

초판 1쇄 인쇄 · 2021년 1월 13일
초판 1쇄 발행 · 2021년 1월 18일

지은이 · 이서정
펴낸이 · 김미룡
펴낸곳 · 도서출판 푸르름
편　집 · 이정은
디자인 · 이종헌
마케팅 · 김미룡

주　소 · 경기도 고양시 일산동구 강송로33 요진와이씨티 102동 5606호
전　화 · 02-352-3272
팩　스 · 031-908-3273
이메일 · pullm63@empal.com
등록번호 · 제8-246호

잘못된 책은 구입하신 서점에서 교환해 드립니다.
ISBN 979-11-89041-54-0 (12320)

돌아서면 늘 후회하는 당신의 대화법!

이기는 대화

이서정 지음

푸르름

| 들어가기 전에 |

말은 삶의 기본적인 요소이다.

말은 문자와 함께 오래전부터 온갖 정보를 가져다주었다.

그러나 요즘에는 정보를 전달해 주는 수많은 도구들이 출현하고 있다. TV는 기본, 팩시밀리, 컴퓨터, 스마트폰 등은 이미 우리 생활 속에서 중요한 위치를 차지하고 있고, 앞으로 우리가 상상조차 할 수 없는 커뮤니케이션 장비들이 출현할 것은 분명하다. 그렇다면 말은 이런 미디어의 홍수 속에 퇴물이 되고 말까.

사회가 복잡해지고 각종 도구들이 발달할수록 인간과 인간들 사이의 소통은 더욱 절실해진다. 인간이 존재하는 한 대화는 계속될 것이라는 뜻이다. 과학 기술 발달과 미디어 확산은 그런 인간들의 소통을 더욱 다양하고 풍요롭게 해줄 것이다.

역사를 돌이켜 보면 엄청난 변화 속에서도 성공의 모습은 항상 기본적인 형태를 잃지 않았다. 컴퓨터 모니터를 보고 화상 통신을 하든 휴대폰으로 문자판을 두드리든, 커피 잔을 사이에 두고 의견을 교환하든 간에 대화는 항상 인간관계 속에서 이루어지기 때문이다. 그러므로 우리들은 대화의 질을 높이기 위해 노력하지 않으면 안 된다.

우리는 말을 통해 타인들과 연결되고 그로부터 온갖 희로애락을 나눈다. 그러므로 대화의 자리는 우리에게 있어 매우 소중한 순간임을 알아야 한다. 그것은 현재 우리의 지위나 능력과는 전혀 상관없는 대화의 본질이다. 그러므로 현대인의 필수품이라고 여겨지는 화술은 자기 계발의 가장 기본적인 출발을 알린다.

훌륭한 대화는 상호간의 열린 마음, 진실과 열의, 경청하는 자세 등이 조화롭게 어우러져야만 가능하다. 그 장소가 느티나무 아래이든 모니터 앞이든 마찬가지다. 결국은 사람들의 일이다. 그러므로 대화 이전에 상대방에 대한 정보를 분석하고, 센스 있고 명료한 표현을 할 수 있도록 스스로를 단련시켜야 한다.

자, 그렇다면 〈이기는 대화〉란, 말로써 상대와 승부하라는 것인가? 결코 그렇지 않다. 말을 능숙하게 잘해서 상대를 제압하라는 것도 아니다. 말을 아끼고 아껴서 머릿속으로 정리되어 나온 진실한 말들이 사람들 사이를 돌아다녀 가슴을 뜨겁게 해주는 일이란 것을 말하고 싶었다. 말을 아낌으로써 말의 효과를 극대화시키는 방법, 그것이 결국 이기는 대화임을 강조하고자 한 것이다.

우리는 대화와 말의 홍수 속에 살아가지만, 사람들의 가슴을 열어주고 뜨거운 열정을 일으킬 그 한 마디 말을 듣고 싶은 것이다. 이 책에서는 그 방법에 대한 디테일을 보여주고

자 한 것이다. 이 책은 주제어만 가지고도 『이기는 대화』의 비법을 귀엣말로라도 들려주고 싶은 희망을 담았다. 이 책은 50만 독자들의 사랑을 받은 『이기는 대화』를 전면 개정한 증보판으로, 말의 홍수 속에 살아가는 우리들에게 새로운 지평을 열어줄 것이다.

저자 이서정

| 차례 |

들어가기 전에 ··· 004

1장 말 한 마디에 천금이 오르내린다

귀로 듣는 보약, 칭찬의 힘 ································ 017
칭찬과 격려는 아낄수록 손해 본다 ···················· 022
입이 여럿이면 금도 녹인다 ······························· 026
말에도 인격이 묻어나온다 ································ 030
말이 도리에 맞지 않으면 아니함만 못하다 ·········· 033
요령 있는 대답으로 마주하라 ···························· 038
말이 말을 만든다 ··· 043
두 손으로 귀를 막고 남의 험담을 들어라 ··········· 046
말은 한번 밖으로 나오면 당신의 상전이 된다 ······ 050
말 한 마디가 대포알 만 개도 당한다 ·················· 054

대화의 멋 ◆ 대화의 맛 _ 현대인의 품격은 화술에서 나타난다 057

2장 훌륭한 말은 훌륭한 무기다

끊어지는 대화를 만들지 마라 ······ 061
분위기 반전을 위한 유행어를 활용하라 ······ 063
유쾌해지는 말로 상대를 즐겁게 하라 ······ 067
흥겨운 대화의 재료를 만들어내라 ······ 071
과장된 표현은 품격을 떨어뜨린다 ······ 075
찡그리지 말고 재미있고 신나게 듣는다 ······ 078
유머로 시작하는 대화는 즐거움을 만든다 ······ 081
화내지 말고 웃으며 거절한다 ······ 084
수학 공식처럼 준비된 유머로 첫 만남을 가져라 ······ 087
첫인상의 호감은 바로 웃는 얼굴 ······ 090

대화의 멋 ◆ 대화의 맛 _ 말은 양날의 칼이다 093

3장 오늘 생각하고 내일 말하라

대화의 물꼬는 부드러운 첫마디로 시작된다 ·················· 097
진실을 담은 말의 힘은 세다 ····································· 101
사람을 얻는 대화 예절이 따로 있다 ···························· 104
상대의 호의를 자극하는 말로 가까워질 수 있다 ············· 108
긍정의 말투는 대화의 필법 ······································ 111
따뜻한 인사로 주고받는 대화가 숨쉰다 ························ 117
상대의 편견에 첫인상을 맡기지 마라 ·························· 120
상대방의 말문을 트이게 하는 비법 ····························· 124
사람은 입이 하나 귀가 둘이다 ·································· 128
맞장구로 상대의 의사에 동감을 표시하라 ····················· 131

대화의 멋 ◆ 대화의 맛 _ 말 한 마디가 세계를 지배한다 134

4장 말이 많으면 쓸 말이 적다

강한 인상을 남기는 몸짓이나 말로 얻어내는 마력·········· 139
듣기 좋은 말, 듣기 싫은 말················· 143
반대를 위한 반대로 오해를 사지 마라············· 149
정보는 찾아낼수록 대화의 살을 보탠다············ 153
목소리로 담아내는 대화의 주인공이 돼라··········· 156
장점은 큰 소리로, 단점은 작은 소리로············ 159
언제나 중요한 이야기는 나중에··············· 164
말을 낭비하면 실패하기 쉽다················ 166
반박할 일이 있으면 먼저 추켜세워라············· 169
어려운 대화로 상대를 기죽게 하면 안 된다·········· 172

대화의 멋 ◆ 대화의 맛 _ 대화의 질은 삶의 질을 높인다 175

5장 길은 갈 탓이고 말은 할 탓이라

그대의 이름을 먼저 불러준다면 ·································· 179
눈을 마주칠 때는 부드럽게 ······································· 184
입에도 휴식을 주어 남의 말에 귀를 기울여라 ················ 189
당신이 먼저 들어라, 상대를 설득하려면 ······················· 193
들통 나기 십상이다, 듣는 척하면 ································ 197
남을 아끼는 배려 한 마디, 인격이 돋보인다 ·················· 199
한 몫 거들게 상대를 움직여라 ··································· 202
무조건 비판은 원수를 만든다 ····································· 205
꾸지람에도 웃게 만드는 화술이 있다 ··························· 209
납득은 설득의 제1조건이다 ······································· 212

대화의 멋 ◆ 대화의 맛 _ 말에는 반드시 목적이 따른다 215

6장 유쾌한 대화 유쾌한 말

질문은 소통의 도구로 꼭 필요하다 ····················· 219
딱딱한 분위기에는 재치 있는 말로 반전을 꾀하라 ········ 222
유쾌한 수다로 기분을 전환하라 ······················· 226
호소력 있는 질문이 상대의 마음을 끈다 ················ 229
소중한 말과 의견은 메모하라 ························· 232
노인도 세 살 먹은 아이 말을 귀담아 듣는다 ············· 235
용서받고 싶다면 진정한 사과부터 하라 ················· 239
반대 의견을 마주하게 될 때는 침착해져라 ·············· 242
비밀을 나눌 수 있으면 무엇이든지 나눌 수 있다 ········· 245
협상에는 당연히 화술이 우선 된다 ···················· 249

대화의 멋 ◆ 대화의 맛 _ 말 잘하는 사람들의 특징 253

7장 한번 던진 말은 어디든지 날아간다

상대방에게 좋은 대화 상대로 남기 위해서는 ····· 257
난 당신을 이해해! 이런 태도를 보여라 ····· 260
나의 상징, 트레이드마크를 내세워라 ····· 263
말싸움을 했더라도 헤어질 땐 웃어라 ····· 267
말로써 당당해져라, 행동으로 머뭇거리지 마라 ····· 270
대화에도 정리의 기술이 따른다 ····· 273
예스(Yes)를 이끌어내라 ····· 277
서로가 일치된 생각을 나눌 수 있는 문제로부터 스타트한다 ··· 281

대화의 멋 ◆ 대화의 맛 _ 말과 관련한 좋은 명언이나 금언   284

1장

말 한 마디에
천금이 오르내린다

> 경쟁심이나 허영심이 없이 다만 고요하고 조용한
> 감정의 교류만이 있는 대화는 가장 행복한 대화이다.
> ― 라이너 마리아 릴케 ―

귀로 듣는 보약, 칭찬의 힘

 우리가 사는 세상은 늘 사람끼리 부대낀다. 그래서 오해도 발생하고 반목도 생겨나곤 한다. 그런 문제들로 일어나는 수많은 다툼은 개인에게 불쾌감을 주고 더러는 증오감까지 심어준다. 그렇더라도 위기가 닥치면 슬기롭게 대처해 나가며 우리들은 성장한다. 시시때때로 발생하는 다툼을 예방하는 방법이 하나 있다.

 화이부동和而不同, 곧 상대의 의견에 동의하지는 않더라도 상황을 인정하는 마음가짐이다. 그로부터 라이벌은 어느 한쪽을 패배시키는 것이 아니라 함께 승리를 구가한다.

 6세기 일본의 전국 시대, 우에스키 겐신과 다케다 신겐 두 진영이 몇 차례 치열한 전쟁을 치렀다. 그런 와중에 또 다른 진영이 우에스키 진영에 생활 필수품인 소금의 공급을 의도적으로 중단해 큰 고통을 겪게 만들었다. 다케다 진영으로서는 우에스키 진영을 공격할 절호의 기회였다. 그러나 이 사실을 알게 된 다케다는 숙적인 우에스키 진영으로 뜻밖에 다량의 소금을 보냈다. 그리고 이러한 편지를 함께 보냈다고 한다.

"내가 겨루는 것은 창과 칼이지 쌀과 소금이 아니다. 소금을 보내는데 특별한 뜻은 없다. 편한 마음으로 내 성의를 받아 달라. 그리고 군마를 정비해 다시 전쟁터에서 만나자."

이런 내용이었다.

맞서서 다투는 적이지만 상대가 고통받고 있을 때 공격한다는 것은 당당하지 못한 행위다. 경쟁 상대에 대한 배려와 정당하고 떳떳한 경쟁은 오히려 상대를 감동시킨다. 더구나 나중에는 큰 도움을 주는 동지가 될 수도 있다. 우리는 당장의 이익에 집착하지 말고, 그러한 너그러운 인정 정도는 가져야 한다.

전쟁을 치르던 어떤 장수는 적국의 장수가 죽었다는 소식을 듣고 통곡을 했다고 한다. 평소에는 창끝을 겨루며 죽음을 불사하고 다투던 숙적이었지만, 그 사람 때문에 자신의 존재감을 느낄 수 있었기 때문이다. 그만큼 그 장수는 적국의 장수를 인정했고, 거꾸로 인정받았으리라.

이렇듯 누구든 남에게서 인정받고 싶어 하는 욕망을 가

졌다. 그렇다면 다툼을 줄이는 방법은 간단하다. 상대를 인정하고 칭찬해 주면 된다. 상대를 중요한 존재로 인정할 때 그와 자신도 더불어 발전해 나갈 수 있다.

남에게서 인정받지 못하면 누구나 그만큼 괴롭다. 이것은 남의 입장에서도 마찬가지이다. 내가 남에게서 인정받지 못하는 것만 생각하지 말고, 타인을 중심에 두고 나를 바라보며 나는 왜 타인을 인정하려 하지 않는지를 먼저 떠올려 보면 된다. 그러면 나도 남을 인정하지 않고 있으며 그로 인해 남도 나처럼 고통받고 있음을 발견하게 될 것이다.

사람의 귀는 듣고 싶은 것을 들으면, 다시 말해 칭찬이나 격려의 말을 들으면, 귀가 솔깃해지기 마련이다. 이런 감정을 거꾸로 비즈니스에 이용한다면 의외의 성과를 거둘 수 있다. 자신을 경원시할 것 같은 상대가 거꾸로 진심 어린 존경과 찬사를 보낸다면 처음에는 몹시 당황하게 된다. 하지만 그것이 진심이라는 것을 알게 되면 누구보다 절친한 친구가 될 수 있다. 누구에게나 단점과 장점은 있다. 문제는 상대의 단점을 공격하느냐, 장점을 부각시켜주느냐의 차이다.

미국의 30대 대통령 캘빈 쿨리지는 그런 인간의 마음을 잘 이용할 줄 아는 사람이었다. 그는 문서 작성에서 자주 실수를 범하는 여직원에게 질책보다는 칭찬을 하는 방법으로 주의를 주곤 했다. 어느 날 그는 집무실에 들어가면서 타자를 치던 여비서에게 이렇게 말했다.

"옷이 참 잘 어울리네요. 당신은 참 아름다워요."

갑작스런 대통령의 칭찬을 듣자 여비서는 당황하였다. 이때 그는 이렇게 말한다.

"내가 이렇게 말하니 느닷없나요. 하하! 그러다가 문서의 마침표를 놓치겠어요. 열심히 해 주길 바랍니다."

그 말을 들은 여직원은 자신의 실책을 알게 되었지만, 기분은 나쁘지 않았다. 그러므로 그녀는 다시금 실수하지 않기 위해 정신을 집중할 수 있었다. 대통령의 한 마디로 여직원은 자신의 일에 책임감을 느끼게 되었다. 말이란 참 유용하게 쓰이면 사람을 고무시킨다. 남의 잘못을 들이대고 지적하면 좋아할 사람, 아무도 없다.

우리에게는 이런 대처의 방법이 중요하다. 그 대처에는 칭찬이 유용한 힘을 발휘한다. 칭찬은 남을 웃게 만든다. '웃는 낯에 침 뱉으랴'란 속담도 있지만, 실제로 나를 칭찬해 주고 주의를 환기시켜 주는 상대를 고깝게 여길 사람이 있을까. 상대방에게 오해를 불러일으킬 것이냐 서로 자연스럽게 소통할 것이냐는 바로 당신의 말 한 마디에 달려 있다.

 **여기서 잠깐만~!**

어리석은 질문에 현명한 대답을!

어느 무신론자 한 사람이 신부에게 신의 존재를 증명해 보라고 도전해 왔다. 그는 내심 신부가 화를 내며 이렇게 말하기를 기다렸다.
"신이 없다고요? 그런 바보 같은 말이 어디 있습니까? 자, 성서를 보십시오."
하지만 신부는 그렇게 대답하지 않았다. 그는 미소를 지으면서 자신의 회중시계를 꺼내 보이며 이렇게 대답했다.
"내가 이 회중시계의 추와 톱니바퀴와 태엽이 한자리에 모여서 옛날부터 움직이고 있다고 말한다면 당신은 틀림없이 나를 모자란 사람으로 여길 것입니다. 그러나 저 하늘의 별을 보십시오. 어느 별이나 완전하게 자리를 잡고 정해진 궤도를 움직이고 있지 않습니까? 지구나 혹성은 태양의 둘레를 하루에 백 마일 이상의 속도로 회전하고 있습니다. 그러면서도 단 한 번의 충돌이나 혼란이 일어나지 않습니다. 이런 신비를 우연한 일이라고 생각하는 것과 누군가가 그렇게 조절하고 있다고 생각하는 것과 어느 쪽이 더 신빙성이 있는 말이겠습니까?"

칭찬과 격려는 아낄수록 손해 본다

 남을 칭찬해서 손해 볼 거 없다. 사람들은 태생적으로 칭찬에 약하다. 칭찬에 약하다는 건 칭찬을 받으면 더욱 더 그 일에 매달리게 되는 일이며, 설사 그 일을 자신이 해낼 능력이 부족하더라도 칭찬을 받게 되면, 그 일에 책임감을 갖는다. 책임감을 가질수록 의욕이 생기고 그 일을 더 잘하게 된다.

 그래서 칭찬의 힘은 막강한 위력을 발휘한다. 자신을 향한 그 칭찬이 설사 사실과 조금은 다르더라도 그 칭찬에 부응하기 위한 노력을 집중하기 때문에 위력을 보이는 것이다.

 일본의 유명한 여배우 기시다 교코는 어렸을 때 몹시 학교에 가기 싫어했다. 체온계를 뜨거운 물속에 넣어 부모님이 크게 걱정하지 않을 정도까지만 온도를 올린 다음 꾀병을 부려 학교에 가지 않았던 적도 있었다. 그리곤 이불 속에 들어가 자기가 좋아하는 책을 읽곤 했다.

그런데 어느 날부터 교코는 몹시 즐거운 기분으로 학교에 가기 시작했다. 그 이유는 간단했다. 미술 시간에 선생님이 그녀의 그림을 보더니 이렇게 칭찬했던 것이다.

"하늘빛이 참 예쁘구나."

또 음악 선생님은 이렇게 말했다.

"네 목소리는 아주 드라마틱한 알토로구나."

교코의 능력은 자신이 생각지도 못한 부분에서 발휘되어 나왔다. 아무도 몰라주는, 자신조차 모르는 능력이 있다는 것을 선생님에게서 칭찬으로 들었으니 어찌 노력을 하지 않을 수 있겠는가. 교코는 미술 선생님과 음악 선생님으로부터 칭찬을 받고 능력의 꽃을 피워낸 것이다. 능력은 비난 속에서 시들고 말지만 칭찬 속에서는 꽃을 피우게 된다.

직장에서도 마찬가지다. 아무리 능력이 없는 직원이라도 잘한다고 칭찬해 주면 흥이 나서 열심히 일한다. 반대로 능력 있는 직원에게 괜히 핀잔을 주면 잘하던 일도 실수를 연발하며 잘못을 저지르게 만든다.

"뭐야, 이 정도 일도 못 해 내다니, 일을 망치는군 망쳐. 자네, 정말 너무하네."

이렇게 부하 직원의 실수를 다그치며 부하 직원에게 면박을 주는 상사는 무능한 사람들이다. 그들은 따가운 실패를 통해 얻어지는 귀중한 경험의 가치를 알지 못하기 때문이다. 현명한 리더는 결과보다는 성취를 향한 과정에 더 무게를 둔다. 그러므로 설사 계약에 실패하고 돌아온 부하 직원에게라도 질책보다는 격려를 아끼지 않는다.

"자네의 잘못보다 저쪽의 요구가 부당한 게 많았네. 누가 나갔어도 그 계약을 성사시키기는 어려웠을 걸세. 자네의 책임을 벗어난 일이었으니 잊어버리도록 하게."

자. 이런 상사라면 부하 직원의 마음은 어떨까, 내심 감격하면서 어떤 결의를 다질 것이다. 물론 일이 잘못되었으니 상사로서도 여간 속이 쓰리지 않을 수 없다. 하지만 그로 말미암아 이 사과나무는 단단하게 뿌리를 내린 뒤 오랫동안 탐스런 열매를 생산해 낼 것이다.

칭찬할 일에 칭찬하자, 격려할 일에 격려하자, 그것을 아낀다고 좋아질 건 하나도 없다. 그것을 아낄수록 더욱 손해가 난다는 사실, 빨리 알자.

👍 **여기서 잠깐만~!**

능력을 제대로 평가받지 못하게 만드는 대화법

* 입만 열면 도덕적인 설교를 늘어놓는다.
* 권위주의에 집착하는 말을 자주 한다.
* 근거 없이 무작정 결론을 내리고 다른 사람들에게 인정받기를 원한다.
* 유식하고 어려운 말을 골라 쓰며 잘난 체한다.

입이 여럿이면 금도 녹인다

 이야기에는 두 종류가 있다. 사실을 근거로 한 부분과 그 사람의 추측과 판단, 상상력을 근거로 한 부분이다. 사실을 사실대로 말하는 게 습성이 돼야 한다. 있는 사실은 물론 없는 일까지 꾸며내서 떠벌리는 이들이 있다. 특히 사실인지 아닌지 알지도 못한 채 억측을 동원해서 마구 떠벌리는 사람들로 인해 사회는 혼탁해지기 마련이다.

 억측으로 인해서 피해를 보거나 손해를 보는 사람들이 생겨날 수 있다는 걸 한번쯤은 떠올려보자. 선의의 피해자들이 생겨난다. 없는 사실을 이야기하고 추측해서 떠벌릴 때, 그 이야기의 대상이 되는 사람들은 얼마나 난감할까. 난감한 정도로 끝나는 게 아니라 피해를 본다면 어떠하겠는가.

 우리는 흔히 공공연하게 알려진 연예인들의 사생활을 이야기하며 검증되지도 않은 사실을 놓고 사실인 양 떠벌리기 좋아한다.

가까운 예로 가수 타블로의 학력을 놓고 수많은 네티즌들이 공방을 벌였다. 정작 타블로 본인 자신은 미국 스탠포드 대학 졸업생이라고 증거를 대고 강변을 해도 수많은 네티즌들은 타블로의 진실을 믿어주지 않았다. 급기야 법정 공방으로 타블로는 학력을 위조하지 않았음을 밝혀냈지만, 그 과정 속에서 타블로는 여론의 따가운 눈총과 의심 속에서 힘들게 지내야 했다.

미국의 한 사이트 운영자의 말 한 마디로 공인인 타블로의 인격은 엄청난 난도질을 당했다. 그 뜬소문은 급속도로 번져 타블로가 학력을 위조했다며 일파만파 퍼져 나갔고 그것이 사실인 양 인터넷은 뜨거운 공방 속에 문제를 달궈나갔던 것이다.

입이 여럿이고 말이 많으면 불에만 녹을 금도 녹일 수 있다. 여러 사람의 입에서 쏟아져 나온 말은, 사람의 삶을 형편없이 녹여버릴 수도 있다는 걸 알아야 한다. 그런 행위는 범죄 행위와 다름없다. 그렇게 말을 만들어 여러 사람의 입에 오르내리게 만드는 사람은 주변으로부터 단단히 역겨움을 당하고 따돌림을 당할 수도 있다.

억측과 사실 무근의 이야기를 함으로써 발생하는 피해도 피해려니와, 전혀 상대에게 관심도 없으면서 의무적으로 던지거나 건성으로 질문을 하여 신의를 무너뜨리는 관계가 되어버리는 일도 있다.

"아이들은 잘 지내나?"

"부모님은 건강하신가?"

이렇게 말하는 그 사람의 표정을 한번 봐라. 과연 진지한가? 표정이 진지하지 않고 그냥 건성으로 묻는 말이라면 이는 겉치레 말이다.

"난 자네를 끔찍하게 생각하고 있네. 자네 그건 알지?"

이렇게 말하는 그 사람이 그동안 전화 한 통화도 제대로 하지 않고 연락도 없던 사람이라면 겉치레 말을 한 것에 불과하다. 보통 사람들은 겉치레 말을 하여 분위기를 바꾸거나 듣는 사람을 기분 좋게 만들지만 위와 같이 현실과 동떨어진 겉치레 말은 오히려 상대에게 혐오감을 줄 수 있다.

한두 번의 겉치레 말은 상대에게 호감을 불러일으키고 좋은 인상을 남길 수 있지만, 반복된 겉치레 말은 거짓말을 반복하는 것처럼 보여져 상대에게 혐오감을 줄 수 있다.

만약 상대가 자신을 잘 알지도 못하는데,

"선생님 같은 분을 만나게 되어서 정말 영광입니다."

하고 겉치레 말을 해오면 어떻게 할 것인가? 분에 넘친 겉치레 말이라고 생각되더라도,

"무슨 영광입니까? 저와 같이 미천한 사람을."

이와 같이 반박하지 말고 단지 '감사합니다'라고 웃는 얼굴로 대답해 주어야 한다.

 여기서 잠깐만~!

리더십을 살린 루스벨트 취임사

"우리가 가장 두려워해야 할 것은 바로 두려움 그 자체입니다. 막연하고 이유도 없고 정당하지도 않은 두려움이야말로 후퇴를 전진으로 바꾸기 위한 노력을 마비시키는 것입니다."

1933년 3월 제32대 미국 대통령에 취임하는 자리에서 프랭클린 루스벨트는 이렇게 말했다. 그 즈음 미국은 대공황으로 엄청난 사회적, 경제적 혼란에 빠져 있던 상황에서 루스벨트의 대통령 취임사는 불안한 미국인들에게 강력한 믿음과 희망을 주었다. 그의 취임사는 자리를 빛내기 위하여 허울만 좋은 빈말이 아니었다. 그는 진정으로 당시 국민에게 필요한 것이 무엇인지를 간파했고, 강력한 리더십을 발휘하여 국민에게 미국인으로서의 정체성 회복을 위한 자신감을 불어넣는 데 필요한 수단을 적극적으로 지원했다.

말에도 인격이 묻어나온다

공자는 인간을 꿰뚫는 적당한 말을 잘했다. 공자의 말 가운데 정곡을 찌르는 말이 있다.

"아는 것은 안다고 하고, 모르는 것은 모른다고 하는 것이 바로 아는 것이다."

이 말은 다양한 정보와 지식으로 무장된 현대인들이 새겨들어야 할 대목이다. 다양한 정보지만 깊이가 얕고, 아는 지식이지만 겉치레 지식이요, 잡스런 지식으로 무장된 사람들이 주변에 많다. 그런데 이런 사람들은 알지 못하는 것도 안다고 하는 경우가 많다. 완전히 알고 있다고 생각하는 것도 실상 제대로 알고 있는 것이 적다.

세상에는 알 것들이 너무 많이 널려져 있다. 이 모든 것들을 다 잘 알 수는 없다. 따라서 확실히 안다고 단정지을 수 없는 것이 많은 게 세상 이치다. 그런 것처럼 잘못은 잘못했다고 하라. 잘못은 그 잘못을 바로 잡았을 때에만 잘못이 아니게 된다. 만일 억누르면 종기처럼 솟아올라 악화되고 만다. 결국 말에는 신용이 따라야 한다는 것을 명심해야 한다는 것이다.

사람들에게는 꼭 지킬 무기가 있다. 바로 신용이다. 신용은 대인관계에서 성패를 좌우하는 제일의 요소다. 특히나 비즈니스 세계에서 신용을 지키는 것은 황금을 지키는 것처럼 소중히 여겨야 한다. 한번 잃은 신용은 되돌리기가 어렵다. 따라서 신용을 지키는 것은 선택 사항이 아니라 의무가 되어야 한다. 대화에서 신용을 지켜야 한다는 것은 헛된 말이 없어야 한다는 뜻이다.

"5년 후면 많은 대학이 사라질 거야. 지금 인구 증가율로 보자면 대학에 들어갈 정원이 부족할 테니 말이야. 대학 가기도 쉬울걸."

"5년 후라고? 이미 많은 대학들이 문을 닫지 않았나? 그리고 소위 일류 대학이라는 곳은 마찬가지로 들어가기가 힘들 테고."

"아니지, 지금 같은 추세라면 경쟁률도 떨어지고 그만큼 대학 가기는 쉬울 거야."

"그래? 소위 상위권 대학의 경쟁률은 변함없을 텐데. 어차피 상위 1%는 힘든 거니까 말야."

두 사람은 대학의 존폐 문제를 이야기하다가 경쟁률로,

더 나가 상위권 대학 경쟁률을 이야기하면서 서로의 정보가 맞닥뜨려졌다.

만약 당신이 말한 정보가 정확한 것이라면 상관이 없겠지만 그 정보가 틀렸다면 이건 보통의 문제가 아니다. 상대는 당신의 말 일부분에 대해 불신을 가지는 것이 아니라, 당신의 말 전체에 대해 불신을 가진다.

따라서 정확하지 않은 정보라면 아예 인용을 하지 말아야 한다. 거짓 정보를 가지고 계속해서 말을 이어가다 보면 상대는 이렇게 생각할 것이 틀림없다.

"저 사람의 말은 거짓이야."

"저 사람은 아는 것도 별로 없이 자기 생각대로 말해."

"저 사람은 나를 바보 취급하는 거야."

말에도 이처럼 신용이 있다. 한번 실추된 신용은 다시 회복하기 어려우니 조심해야 할 일이다.

 여기서 잠깐만~!

상대의 입맛에 맞추려는 대화는 금물

대화할 때 일관성을 잃고 상대방의 기분에 맞추고자 하는 이들이 있다. 상대의 입맛에 맞는 의견으로 변경한다면 언뜻 그의 믿음을 산 것처럼 느껴질 수도 있지만 그 외 사람들로부터는 소신이나 일관성 없는 사람이라는 비난을 받을지도 모른다. 그리고 정작 믿음을 얻었다고 생각한 그 한 사람마저도 그렇게 생각하지 않을지도 모른다. 만약 나라면, 내 말에 따라 이랬다저랬다 하며 입맛만 맞추려 대화를 거드는 사람에게 믿음이 가겠는가?

말이 도리에 맞지 않으면
아니함만 못하다

"도대체 무슨 말을 하려는지 하나도 알 수 없어."
"말하는 요지가 뭐야?"
"그렇게 앞뒤 안 맞는 말을 왜 하지?"
"무슨 말을 하자는 게지?"

우리들은 상대와 말을 주고받다가, 불시에 이런 말을 던질 때가 있다. 긴 시간 이야기를 나누는데, 도대체 말의 핵심이 무언지 판단할 수 없을 때를 자주 마주한다. 시간적 여유가 있다면 알아듣지 못할 때라도 재차 요구해 물어볼 수 있지만, 대화의 시간도 짧고 시간적 여유가 없을 땐 이렇게 말을 늘어놓거나 무슨 말을 하는지 종잡을 수 없는 대화 진행이 이루어진다면 화가 치민다. 더구나 그 말이 도리에 맞지도 않는 어불성설의 이야기라면 인내의 한계는 극에 달한다.

장황하게 말을 늘어놓기는 하는데 도무지 내용이 주제를 받쳐주지 못하는 말만 하는 사람과 마주앉게 되면 짜증이 왈칵 밀려온다. 그렇듯 논지가 일관되지 않는 사람과는 대화를 나누어도 시간 낭비라는 생각만 더 들 뿐이다.

자신이 대화 상대에게 이런 느낌을 주는 타입이라면 한번쯤 길게 고민할 필요가 있다. 그리고 자신의 문제점을 파악해 내야 한다.

말의 갈피를 잡지 못하고 이리저리 방황하다가 결국엔 엉뚱한 결론을 내리면 사람들의 웃음거리가 될 수밖에 없다. 왜 말을 할 때 단어 선택이 모호하고 분명하지 못한 논지를 보여주는지, 듣는 이들로 하여금 실소를 자아내게 만든다.

대화란 상대와 교감을 통하는 작업이다. 그런데 감정 전달은커녕 의미 전달조차 아예 생각해 볼 수없는 대화 상대라면 어떤 사람과 접촉을 제대로 할 수 있겠는가. 말로써 상대방을 설득하려면 주제가 명확하고 화제에 대한 선명성을 가져야 한다. 자신이 가장 말하고 싶은 것이 무엇인지 말의 중심을 잡고 대화를 끌어내야 한다.

가령 '고객을 기다리게 하지 마라', '뇌물을 받지 마라', '직원 상호간에 정보를 공유하라' 등과 같이 명확한 내용으로 말의 중심을 잡아야 한다.

화제는 그런 말의 주제를 알리기 위한 보조 수단이다. 그러므로 예화를 들거나 적절한 경험담, 유머 등을 통해 스토리를 맛있게 반죽함으로써 보다 잘 들을 수 있도록 도와주어야 한다. 성춘향의 이야기도 이몽룡과 사랑 이야기만으로만 되어 있다면, 지루할 것이다. 거기에 춘향을 괴롭히는 변 사또와의 갈등이 나타나고, 향단이나 방자가 나와 웃음을 던지는 해학이 있다면 무미건조할 리가 없다.

가령 비즈니스맨이 업무적인 이야기를 시작할 때는 맨 처음에 주제를 강조하는 것이 좋다. 여러 사람이나 바쁜 사람을 놓고 말할 때 자신이 무엇을 말할 것인지를 분명히 알려라. 그러면 사람들은 마음의 준비를 하고 이어지는 이야기에 귀를 기울이게 된다.

"저는 영업 7부의 정현우입니다. 오늘은 어린이들의 놀이터 '키즈카페(파크)'의 활성화란 주제로 말씀드리겠습니다."

그런 다음에는 사실과 실례를 구체적으로 밝혀준다. 즉 화제로 들어가는 것이다.

"얼마 전에 어린이들의 테마놀이터인 '키즈카페'를 돌아보았습니다. 학교에 취학하기 전인 유아동의 전용 놀이터가 수도권을 비롯하여 전국적으로 확대 운영되고 있는 시점입니다. 아이들도 이제는 마구잡이로 뛰어노는 게 아니라 주제를 가지고 노는 추세에 따라 이를 이용하는 고객들이 늘어나고 있습니다."

이렇게 구체적 실례를 들어주고 나서, 종합적 분석이나 자신의 의견을 확실하게 말한다.

"이처럼 키즈 테마관이 갖는 특수성을 이용하면 유아동 대상은 물론 성인 고객인 아빠, 엄마, 할머니들도 주요 타겟이 될 수 있다는 장점을 알아냈습니다. 물론 테마관을 이용하는 고객은 유아동이겠지만, 그들과 테마관을 동행해 오는 보호자들도 테마관의 이용 고객이 될 수 있다는 장점을 알 수 있었습니다. 아이들이 테마관에서 즐겁게 노는 동안 성인 이용자들을 위한 편의 시설을 함께 고려하여 키즈 카페의 활성화를 도모해야 할 것이고, 그 활성화 방안에 대한 논의도 해야 할 것입니다."

이처럼 주제를 맨 처음에 밝히고 구체적 실례나 데이터를 보여준 다음, 자신의 의견을 가미하여 결론을 내린다면 듣는 사람들은 그 내용을 확실히 인지한다. 이것이 말이 주는 확실한 의미 전달이다. 제대로 된 의미 전달만이 소통의 지름길을 열 수 있다.

 **여기서 잠깐만~!**

원수가 될까, 동지가 될까

서로 원수가 되느냐 동지가 되느냐는 어떤 대인관계에서나 마찬가지이다. 바로 상대방에게 어떻게 말하느냐에 달려 있다. 어떤 상황에서도 생각나는 대로, 입에서 나오는 대로 거친 말을 그대로 내뱉거나 던지지 않도록 마음을 다스리는 연습이 필요하다. 그리고 이것은 말을 잘하고 재미있게 할 수 있는 능력의 바탕을 이루는 덕목이다.

요령 있는 대답으로 마주하라

 다른 사람의 질문을 받을 때가 많다. 그러면 어떻게 대답을 해야 할지 난감한 경우가 많이 생긴다. 어떤 상황에서 질문하느냐에 따라 많은 답변이 나올 수 있지만, 정작 중요한 것은 질문하는 상대가 알아듣기 쉽게 대답을 건네는 일이다.

 항상 대답하기 좋은 질문을 받는 경우는 드물다. 느닷없는 질문이거나, 난처한 답변을 요구하는 질문이거나 말하고 싶지 않은 질문인 경우도 많다. 그렇게 사람들을 만나 대화를 할 경우에는, 상대가 요령 있게 질문을 해오지 않을 때가 있음을 염두에 둬야 한다. 그래서 내 쪽에서 요령 있는 대답으로 상대를 설득할 수 있도록 준비해야 한다. 그것은 상대가 어떤 목적에서, 또 어떤 기분으로 질문을 하는지를 알고 있어야 한다.

 다음 말을 보자.

고등학교 교실, 선생님이 학교 수업을 빠진 학생에게 결석 이유를 묻는다.

"어제 결석했지?"

"네."

"무슨 일이니?"

"집안에 일이 있어서요."

"무슨 일이니?"

"가족 중에 한 분이 아프셨어요."

"누구?"

"할머니요."

"그럼, 부모님은 안 계시니?"

"네."

"아버님이 지금 타지에서 근무하고 계세요."

"그럼 어머님도 거기 계시겠구나. 그럼 네가 할머니 편찮으셔서 돌본 거군."

고등학생과 교사가 주고받는 대화의 내용이다. 고등학생 정도라면 이런 식의 대화를 끌어가는 것은 넌센스다. 결석 이유를 물을 때 대답을 잘했다면 한두 번의 질문으로 그쳤을 것이다. 그러나 학생과 교사의 대화라서 어쩔 수 없다고 쳐보자. 어른들끼리의 대화에서도 가끔 아이같이 단답형으로 대화를 마무리하는 사람도 있다.

"이번 연휴에 뭘 했나?"

"등산을 다녀왔습니다."

"어디로 다녀왔나?"

"네, 설악산요?"

"누구랑 다녀왔나?"

"네, 거래처 김 사장님과 함께요."

"김 사장?"

"네, 00물산 김 사장 말입니다."

"어떻게 같이 산행을 할 생각을 했나?"

"이번 신상품 거래에 대한 설명을 드리기 위해 제의를 했더니 선뜻 허락을 하시지 뭡니까?"

"그분도 등산을 좋아하시나."

"그분요? 등산광이라 해도 좋을 겁니다."

"결과는 어땠나?"

"좋았습니다. 아마도 이번 거래를 따낼 수 있을 것 같습니다."

대화의 내용을 살펴보자. 직장 상사와의 대화라면 이 부하 직원은 대화 진행의 상당한 문제점을 안고 있다. 한두 번의 답변으로 끝내도 될 질문을 계속 하도록 만들었으니 말이다.

만일 자신이 부하 직원이었다면 최소한 이런 답변으로 말끔한 정리를 할 줄 알아야 한다.

"이번 주말에 뭘 했나?"

"네, ○○물산 김 사장님과 일박이일로 설악산에 산행을 다녀왔습니다."

"그래? 무슨 일로?"

"네, 이번 거래에 대해 설명을 드려야 하는데, 평일에는 김 사장님의 일정이 바빠서 시간을 낼 수가 없다잖습니까? 그래서 생각하다가 김 사장님이 주말마다 산행을 다니신다는 것을 알고는 제가 같이 가도 되겠느냐고 제의를 했습니다. 그랬더니 흔쾌히 허락해 주시지 뭡니까?"

"그래, 산행은 어땠나?"

"모든 것이 좋았습니다. 날씨도 청명하고 춥지 않았을 뿐 아니라 최절정기의 단풍도 보았으니까요. 덕분에 김 사장님과 산행을 하면서 많은 얘기도 나눌 수 있었습니다. 이번 거래는 거의 성사되었다고 보아도 좋을 것입니다."

"잘됐군. 수고했네."

이런 대화라면, 묻는 사람이나 답변하는 사람도 즐거울 것이 틀림없다. 그리고 그는 유능한 부하 직원으로 인식될 것이다. 질문에 답변하는 데는 요령을 갖추어야 한다. 요령 있는 대답은 센스에서 나온다. 그 요령이란 바로 원하는 답변을 골라내는 센스인 것이다.

 여기서 잠깐만~!

질문은 상대의 문을 열게 하는 방법

질문은 상대방을 잘 알게 해주는 대화법이다. 질문은 결코 나의 약한 모습을 보이는 것이 아니다. 오히려 상대방이 마음의 문을 열게 하는 또 하나의 방법이다. 경우에 따라서 모르는 것은 알 때까지 물어도 괜찮다. 물론 상대가 하고 싶어 하는 이야기를 호기심을 가지고 질문하되, 무언가 파헤치려는 것처럼 심문하듯 해서는 안 된다. 모르는 것뿐만 아니라 아는 것도 확인하는 차원에서 질문할 수 있다. 단, '그렇다, 아니다'로 대답이 끝날 수 있는 질문은 피하는 것도 질문을 잘하는 요령이다.

말이 말을 만든다

수다에도 묘미가 있다. 수다의 묘미 때문에 감정이 풍부한 여성들이 가끔씩 쓸데없이 말을 많이 한다고 여겨진다. '여자 셋이 모이면 접시가 깨진다'라고 할 정도로 말이다.

그래서 옛날부터 빨래터에서는 여인네들이 방망이를 두드리며 수다를 피어왔지만, 최근에는 인터넷상의 다양한 사이트 등에서 쪽지나 주고받는 문답을 통해 수다를 떤다. 어떻게 보면 수다란 잡담 차원에서 벗어나지 않는 단순한 말의 성찬일 수도 있다. 그러나 수다의 공간에서는 하나의 색다른 문화를 형성해가고 있다.

그렇지만 수다는 대화의 목적이 없다는 점에서 정상적인 대화는 아니다. 진정한 대화는 정체불명의 네티즌들끼리 책임지지 않을 말을 늘어놓는 것이 아니라, 인간이란 실체와 얼굴을 맞대고 마음을 나누는 과정이다.

그러기에 대화는 그 자체의 목적을 달성하기 위해 서로

친밀도를 높이려고 노력해야 한다. 또 상대방의 자존심을 살려주고 입장을 이해하고 배려하면서 말해야 한다. 그 결과 깊은 유대감이 생겨나는 것이다.

수다는 자신의 흥미에 따라 자신의 말만을 늘어놓는다. 그렇듯 자기 위주의 말은 상대방을 의식하지 않기 때문에 때론 재미있다. 그래서 영화의 도구로 활용되기도 하고 연예인들의 토크쇼에 자주 이용된다.

하지만 수다에 빠지면 자칫 자기 자랑이나 투정, 험담, 남녀관계, 정치, 종교 쪽으로 이야기의 방향이 굴절되어 사람들에게 커다란 상처를 안겨줄 위험성이 다분하다. 더구나 이런저런 화제로 수다를 이어가다 보면 말이 말을 만들게 된다. 그러므로 수다쟁이는 유명해질 수는 있어도 존경받지는 못한다.

좋은 화술은 혀끝의 기술이 아니라 서로의 교감으로 이루어진다. 말만 잘한다고 해서 믿어주는 사람은 아무도 없다. 그럴싸한 말에는 누구나 경계심을 품는 것이 인지상정이기 때문이다.

누군가의 신뢰를 받으려면 평소의 행동거지와 마음 자세가 그 사람에게 좋은 평가를 받아야 한다. 그렇지 않으면 양치기 소년처럼 무슨 말을 하더라도 믿어주지 않는다.

화술의 목적은 일차로 주변 사람들로부터 신용을 얻는 것이다.

 여기서 잠깐만~!

말을 잘하기 위한 방법 익히기 1

1. 공통의 화제나 관심사를 적절하게 대화에 적용시킨다.
2. 말의 속도와 높낮이, 목소리 크기 변화를 적절하게 조절할 줄 안다.
3. 친한 사이라 하더라도 말할 때 예의를 지킨다.
4. 말을 시작하기 전에 내가 말하고자 하는 바의 요점을 머릿속으로 정리한다.
5. 문장의 띄어쓰기 속도를 유지한다.
6. 무거운 이야기를 할 때도 유머로 긴장을 없앨 줄 아는 여유를 가진다.

두 손으로 귀를 막고
남의 험담을 들어라

 남의 험담을 들을 때, 우리는 귀를 막고 모른 척 할 수 있을까. 그 험담의 대상이 자신과도 상관이 있는 사람이라면 더 듣고 싶어질 것이다. 도대체 내가 아는 그 사람이 왜 그렇게 험담의 대상이 될까 궁금하지 않을 수 없다.

 그런데 좋은 대상이 되면 모르겠지만 그렇지 않은 경우를 떠올려보자. 나랑 친하지 않아서 나도 욕하고 싶은 대상이었을 때는 그 험담을 들으면 때론 통쾌해질 수도 있을 것이다. 반대로 나와 친분 관계를 유지하는 경우라면 그 험담에 귀를 막고 싶어질지도 모른다.

 하여튼 친하든 그렇지 않든 내가 알고 있는 사람을 향해 누군가가 번갈아 욕하며, 독설을 퍼붓고 인신 공격을 한다면 어떨까. 우리는 흔히 그런 이야기를 한다. 당사자가 없는 자리에서는 나랏님한테도 욕을 한다고. 당사자가 없다면 함부로 험담을 해도 될까. 험담들이 나오면 분위기가 묘해진다. 점차 얘기가 길어질수록 흥분을 하며 그 사람을 비난하는 사람도 더 생겨난다. 그런데 어떤 사람은 이렇게 말한다.

"이 자리에 없는 사람 얘기는 그만둡시다."

여러분이 그 자리에 있다면 결코 이런 식으로 말해서는 안 된다. 그렇게 되면 갑자기 분위기가 식어지고 냉랭한 기운이 감돈다. 그리고 대다수는 불만스런 표정으로 침묵하고 말 것이다.

그만두자고 말한 사람은 고매한 인격자라도 되는 것일까? 결코 그렇지 않다. 아마도 그 자리에 있는 모든 사람의 비난 대상이 될 것이다. 왜냐하면 험담을 듣고 있는 다른 사람들을 '남의 얘기나 하는 비열한 인간'으로 만들어버렸기 때문이다. 마치 본인은 남의 험담을 하지 않는 인격자처럼 말하는 것 같고, 그 험담을 저지하지 못한 다른 사람들은 남의 욕이나 듣는 비겁한 사람으로 추락시켜버리는 대처법이다.

그렇다면 어떻게 할 것인가?

일단은 신중하게 듣고 있도록 한다. 그리고 가끔씩 고개를 끄덕여 주는 것도 나쁜 것은 아니다. 그러나 결코 비난의 대열에 합류해서는 안 된다. 그냥 듣고 있다는 모습을 보여준다. 그런 다음 말하는 도중 반드시 화제를 다른 곳으로 돌릴 여지는 있을 것이다. 이를테면 말꼬리를 붙잡아 얼른 다른 화제로 옮겨가는 것이다. 예컨대 누군가를 험담하는 와중에 다음과 같은 말이 나왔다.

"그 사람 ○○ 산업에도 버젓이 줄을 대고 있더구만. 그러니까 이중 플레이의 귀재라잖아."

이때가 기회가 된다.

"참, ○○ 산업의 주가는 어떻습니까?"

"겉으로야 번듯해 보이지만 이제 그쪽 산업도 한물 가지 않았나?"

이렇게 화제의 중심을 험담의 대상자에게서 다른 쪽으로 완전히 회전해 버리는 것이다. 만일 어떤 사람이 다른 사람을 비방하고 있다면 그에 휩쓸리지 않도록 주의하면서 들어야 한다.

누구나 자기가 좋아하지 않는 사람에게는 나쁜 면만을 발견하게 마련이다. 상대가 다른 사람의 약점을 말할 때 과장되게 듣지 않고, 남의 장점을 축소할 때는 이를 부풀려서 들을 수 있어야 한다. 남의 나쁜 점은 크게 다가온다. 남의 장점은 축소하는 버릇이 있다. 이것을 거꾸로 생각하는 것이다. 그래서 남의 험담은 되도록 귀를 막고 들으라는 옛말을 잊지 말자.

👍 **여기서 잠깐만~!**

말을 잘하기 위한 방법 익히기 2

1. 누가, 언제, 어디서, 무엇을, 어떻게, 왜라는 육하 원칙을 지켜 말한다.
2. 긍정적인 말, 긍정적인 생각을 많이 한다.
3. 준비되지 않은 말을 함부로 뱉지 않는다.
4. 결론부터 밝히고 난 다음, 명확하게 보충 설명한다.
5. 이야기할 때 보디랭귀지를 활용할 줄 안다.
6. 이성적으로 사고하고 논리적으로 말한다.

말은 한번 밖으로 나오면
당신의 상전이 된다

 말은 입 밖으로 나오는 순간 내 말이 아니다. 그래서 한번 밖으로 던져진 말은 곧 자신의 모습이요, 때로는 인격의 척도가 된다. 나에게서 나온 말은 결국 나의 주변을 돌고 돌아 나를 감싸기도 하고 나를 궁지로 몰기도 하는 상전 노릇을 한다. 상전은 내가 어찌할 수 없는 존재가 아닌가. 말이란 밖으로 나오면서 바로 자신의 상전으로 군림하는 것이다.

 그래서 말을 입 밖으로 내던지기 전까지 입 안 여기저기 돌며 갈고 닦여져 나와야 한다. 그냥 트림을 하듯 하품을 하듯 자연발생적으로 내뱉고 하고 싶은 대로 말을 해서는 안 된다.

 그렇다면 입 밖으로 나오는 대화에는 매력이 있어야 한다. 대화에 매력이 있어야 상대도 말하고 싶어진다. 매력적인 사람은 다른 이들을 끌어들인다. 그처럼 말로써 다른 사람을 끌어들일 수 있는 방법이 있을까. 그 방법을 간단하게 살핀다.

1. 대화 중에 정보를 제공하라.

다른 사람의 정보를 알려고 집착하는 사람은 자신의 정보를 풀어놓는 데는 인색하다. 마치 자신이 손해를 보는 느낌 때문이다. 하지만 아무리 값진 정보라도 자신의 머릿속으로만 가둬놓는 것은 아까운 일이다.

자신이 고생 끝에 얻어낸 정보는 그만큼 남에게도 가치가 있는 정보일 경우가 많다. 그러므로 가능하면 신선도를 잃지 않는 시간 내에 뜻이 있는 사람에게 정보를 전하여 확대 재생산을 꾀하는 것이 좋다.

정보의 부가 가치가 높고 신선할수록 그것을 알게 된 상대방은 마음이 흔들릴 수가 있다. 이렇게 되면 상대방도 자진하여 그만이 알고 있는 소중한 정보를 알려주는 경우가 많다. 가치 있는 정보 교환은 인간관계를 심화시켜 주는 요소다.

2. 지적 만족감을 제공하라.

언제 만나도 즐겁게 대화를 교환할 수 있는 상대라면 어떨까? 지적 만족감을 준다든가, 유익한 정보는 물론 무언지 모르게 감동과 용기와 같은 자극을 줄 수 있는 사이가 되는 사람이라면 어떨까?

사실 누군가를 만나 대화를 나눌 때 화제가 언제나 같은 영역을 맴돌기만 한다면 무능하다는 느낌을 떨쳐버릴 수가 없다. 시작하기도 전에 무슨 말을 할지 예상되는 사람과 더 이상 대화의 의미를 찾아내기란 어렵다. 만나서 이야기하는 자체의 의미를 잃게 된다. 따라서 사람을 만날 기회가 있을 때는 언제나 어떤 형태로든지 지적 선물을 준비할 마음의 배려를 가져야 한다.

3. 똑같은 이야기를 되풀이하지 말아야 한다.

어떤 사람을 만나면 매번 같은 화제에 붙들리고 마는 경우가 있다.

어떤 사람은 애견에 대한 이야기로 시작과 끝을 장식한다. 또 어떤 사람은 주식 이야기, 또 어떤 사람은 상사에 대한 험담 일색이다. 또 어떤 사람은 시종일관 정치나 종교 이야기에 여념이 없거나 어떤 사람은 연예인 이야기 등으로 예견되는 대화 내용을 풀어놓는다면 오래 대화하고 싶은 마음이 사라진다. 그 사람을 만나면 또 그 이야기를 하겠지 하는 예상을 하게 되어 기대감이 사라진다.

만약 오늘도 예상을 빗나가지 않고 똑같은 화제를 끄집어낸다면, 점점 그 사람이 지겨워질 것은 분명하다. 대화는 음식을 먹는 것과 같다. 아무리 좋아하는 음식이라도 한 가지만 계속해서 먹는다면 머지않아 질리고 말 것이다. 대화의 다양한 화제를 준비하여 다른 사람들의 예상을 벗어나게 하는 하루를 만들어보자.

 여기서 잠깐만~!

당신을 싫어하는 사람이 있다면 이런 방법은 어떨까?

* 서둘지 말고 차분히 공략하라.
* 상대방이 보이지 않는 곳에서 칭찬하라.
* 싫다는 생각이 있어도 그 사람을 제외하지 않는다.
* 상대방이 적의를 노출시켜도 그 적의에 개의치 마라.
* 상대방이 하는 일에 대가를 바라지 말고 담담한 심정으로 협력하라.
* 상대방이 보이지 않는 곳에서 협력하라.
* 상대방과 친한 사람을 사이에 두고 서서히 다가가라.
* 상대방의 취미에 적극적인 관심을 보인다.

말 한 마디가 대포알 만 개도 당한다

장미 정원이 있는 수도원으로 손님들이 찾아왔다. 젊은 신부가 손님들을 안내하기에 앞서 이렇게 말했다.

"저를 따라 오시겠습니까? 저희 수도원의 장미를 여러분께 보여드리지요."

손님들은 신부의 뒤를 따르면서 장미를 보는 둥 마는 둥 자신들의 대화에 파묻혔다. 다음 날, 또 다른 손님을 맞이한 신부가 이번에는 이렇게 말했다.

"저를 따라 오시겠습니까? 저희 수도원의 장미에게 여러분들을 보여드리고 싶습니다."

그러자 손님들은 장미에 관심을 가지며 세심히 훑어보기 시작했다.

이처럼 말은 '아' 할 때와 '어' 할 때 상대편에서 받아들여지는 느낌에는 현격한 차이가 있다. 앞의 말은 장미가 주체가 되고 손님들이 객이 된다. 그런데 두 번째 말은 손님들이 주체가 되고 장미가 객이 된다.

앞의 말은 수도원의 장미가 중심이 되어 초대한 손님들을 들러리에 불과하다는 느낌을 주게 만든다. 그러나 두 번째 말은 수도원을 찾은 귀중한 손님들이니 '나의 사랑하는 장미에게 당신들을 소개해 주겠다.'는 뜻이다. 우리가 말을 할 때면 가급적 두 번째 말을 사용할 수 있어야 한다.

이와 같은 경우는 우리의 일상 언어에서도 허다하다. 순서만 바꾸면 상대에게 기분 좋은 느낌을 전달할 수 있다. 단지 앞뒤의 내용만을 바꿀 뿐인데도 말이다.

"디자인은 세련됐는데, 색깔이 예쁘지 않군요."
"색깔은 예쁘지 않지만 디자인은 세련됐군요."

"키가 훤칠하게 큰데 너무 말랐군요."
"많이 말라보이지만 키가 커서 보기 좋아요."

앞의 말은 장점을 줄이고 단점을 강조한 것처럼 들려 듣는 사람의 기분을 언짢게 만든다. 가급적이면 뒷말처럼 단점은 줄이고 장점은 강조하는 말로 바꿀 수 있어야 한다. 그렇다면 여기에서 공식 하나가 생긴다. 가령 상대의 단점을 지적해 주어야 할 상황이 생기면 이 방식을 원용해 보는 거다. 대화의 앞부분에 단점을 놓고 뒷부분에 상대의 장점을 배치하는 것이다.

"목소리는 좋은데, 음정이 잘 맞지를 않는군요."
"음정이 맞지를 않지만, 목소리가 아주 좋군요."

앞의 말을 들으면 왠지 짜증이 난다. 약간 불쾌하기도 하다. 뭔가 잘못한 것은 느낌이 든다. 단점을 지적당한 것 같아 기분도 나쁘다. 그렇지만 뒷말은 칭찬인지 잘못을 지적해 주는 것인지 분간이 가지 않는다. 하지만 곧 자신의 단점이 무엇인지를 깨닫게 만들며 더구나 칭찬까지 얻어들었으니 기분이 나쁠 리 없을 것이다.

 여기서 잠깐만~!

당신이 보다 존경받는 사람이 되고 싶다면
* 다른 사람의 단점에 대해 왈가왈부하지 마라.
* 자신에 대해 떠벌이지 마라.
* 남을 비난하고 고자질하지 마라.
* 당신이 통제할 수 있는 것에 열중하라.
* 자기 자신을 고치려고 애쓰라.
* 다른 사람의 결점을 비난이 아닌 동정의 눈으로 바라보라.

현대인의 품격은 화술에서 나타난다

사회생활을 시작할 때 화술의 필요성을 느끼게 된다. 주변 사람들에게 자신의 존재 가치를 알릴 수 있는 우선적인 방법이기 때문이다. 아울러 그들과 긍정적인 인간관계를 맺어야 하는데 이때도 화술이 따라야 한다. 그렇게 자신의 말을 잘 들어줄 수 있는 환경을 만들 줄 알아야 성공에 가까이 다가갈 수 있다.

그렇지만 사람들은 본능적으로 타인들의 말을 잘 듣지 않는다. 언어학자들의 연구에 의하면 누군가 자신의 생각을 아무리 잘 표현한다 해도 상대방이 받아들이는 내용은 불과 30%에 지나지 않는다고 한다. 그러므로 자기 말의 효과를 극대화시킬 수 있는 분위기 형성은 물론이고 귀에 쏙쏙 들어갈 수 있는 표현 능력을 길러야 한다.

일찍부터 화술의 중요성을 인식한 미국에서는 초등학교에서 대학교에 이르기까지 커뮤니케이션을 포함한 스피치 커리큘럼을 필수 교과로 채택하고 있다. 그러나 우리나라에서는 초등학교 이후 교과 과정에 읽기와 쓰기밖에 없다.

한국인들은 사회인이 될 때까지 화술에 대한 전문적인 교육을 전혀 받지 않는다. 그 결과 상호간의 소통에 종종 문제가 생기고 비능률적인 언쟁이 벌어진다. 능률적으로 말하고 들으며 행동하는 일에 서툰 결과이다. 좋은 화술을 구사하기 위해서는 무엇보다도 자국어의 풍부한 어휘를 알고 표현하는 능력이 절대적이다. 실제로 비즈니스맨들 가운데는 우리말조차 제대로 쓰지 못하는 사람들이 허다하다. 그 약점을 커버하려고 낯선 외국어나 전문 용어를 섞어 쓰지만 어색하기는 마찬가지다.

그런 말을 여과 없이 받아들여야 하는 사람들의 입장에서는 생경하기 그지없다. 그러므로 이제부터라도 되도록이면 상대편이 이해하기 쉬운 말과 단어를 간결하게 사용하는 훈련이 필요하다.

실제로 국어 표현력이 확실하다면 그 바탕 위에서 영어가 좀 부족해도 외국인과 소통하는 데 별 불편이 없다. 왜냐하면 자신이 무엇을 말하고 들으려는지 이미 알고 있기 때문이다. 이런 상호 이해는 비즈니스 세계에서는 매우 중요하다. 서로가 원하는 것을 알아들을 수 있어야 협상이 가능하기 때문이다. 그러므로 미국에서는 '하이컬러가 되려면 화술을 배워라'란 격언이 있다. 말을 잘하느냐 못하느냐가 비즈니스에 얼마나 큰 영향을 끼치는지를 보여주고 있다.

2장

훌륭한 말은 훌륭한 무기다

> 마음에 품고 있는 말을 해 버리면
> 무거웠던 가슴도 가벼워진다.
> ― 프리드리히 실러 ―

끊어지는 대화를 만들지 마라

대화를 나눌 때 어미에서 단정적인 표현을 하는 것은 가급적 삼가한다. 당신이 단정적으로 말을 끝내면 상대는 더 이상 말을 하지 못한다. 결국 이야기를 이어나갈 수 없게 되어 버린다. 가령 다음과 같은 표현을 보자.

"이 책은 정말 재미있더군요."

이렇게 말하는 것보다,

"책의 내용 중에 부부가 서로 다투는 장면이 나와요. 사소한 것을 가지고 싸우는데, 우리 주변에도 아주 작은 일로 싸움을 하는 부부들도 참 많은가 봐요. 왜 그럴까요?"

책의 내용 속에서 상황을 끄집어내어 좀 더 대화를 진행시키는 것도 요령이다.

"난 내일 동창회 모임에 참석하고 싶지 않아."라고 하기보다는,

"나도 그 모임에 참석해야 하는데 오늘 중요한 거래 계약

건이 있어서 어쩔 수 없이 동창회에 참석하지 못하게 됐어. 친구들도 보고 싶기는 한데, 나중에 내가 별도로 모임을 주선하면 어떨까?"

이렇게 여운을 남겨둔다면 다음 사람이 이어서 말을 할 공산이 커진다. 이처럼 단정적인 표현으로 말을 끝맺음하면 다음 사람은 할 말이 궁해지고 새로운 말을 다시 시작하지 않으면 안 되는 부담감이 생긴다.

대화는 끝말잇기와 같다. 중간에 끊어지지 않고 계속 이어지는 대화를 나눌 때 핑퐁 게임을 하듯 즐거울 수 있다. 그래서 서로를 기분 나게 만들 수 있어야 한다. 또한, 한 가지 사실에 감상을 곁들여 말을 해보는 거다. 감상을 곁들이면 화제를 자연스럽게 이어나가기가 편하다.

 여기서 잠깐만~!

웃을 때 몸속에서 만들어지는 엔도르핀

웃을 때 우리 몸속에서 만들어지는 호르몬이 엔도르핀이다. 엔도르핀은 운동할 때 생성되는 유쾌한 화학 물질이지만 웃을 때도 생성되어 스트레스 호르몬의 영향을 감소시키고 혈관을 팽창시킨다. 이것은 또한 통증을 완화시키는 생체 분비형 진통제이다. 신체적 고통으로 괴로울 때 정신을 팔고 웃다 보면 아픔 따위는 잠시 잊어버린 경험은 누구나 한두 번은 있을 것이다.

분위기 반전을 위한
유행어를 활용하라

　개그 프로에서 자주 등장하는 유행어들이 있다. 개그맨들이 특정한 상황에서 던지는 유행어들은 많은 사람의 입에 오르내린다. 그래서 사람들은 그 유행어를 따라 하면서 분위기를 맞추기도 한다. 개그 프로 말고도 신문 광고, 인터넷 등의 각종 매스컴은 수많은 유행어들을 전파시키는 역할을 한다.

　오래전 국회에서 장관들이 국정 보고를 할 때 일부 국회의원들이 서로 티격태격하며 싸우자 '코미디야, 코미디!'라고 속삭였던 전 법무장관 강금실 씨의 말은 그 뒤로 지금까지 정쟁에 여념이 없는 국회의원들을 조롱하는 유행어가 되었다.

　이처럼 유행어는 코미디언의 입에서뿐만 아니라 시대의 조류에 따라, 또 커다란 사건, 유명 인사들에 의해 생겨나고 번져간다. '유전무죄, 무전유죄'란 말도 그렇게 해서 한동안 사람들의 입에 오르내리지 않았던가.

개그콘서트에 나오는 뚱뚱한 몸의 김준현이 상대의 말에 반응을 하며 '고~뤠에' 하고 응수할 때마다 시청자들은 배꼽을 잡는다. 그래서 사람들이 상대방의 말을 듣고 반응을 할 때 '고~뤠에' 하면서 대꾸하는 모습처럼, 어떤 단어나 표현이 한번 유행을 타게 되면 금방 모든 사람들이 흔히 쓰는 상투적인 표현으로 둔갑하기 일쑤이다.

과거에 연인들이 사랑하는 사람을 '자기'라고 부르자 사람들은 낯간지러운 표현이라고 고개를 돌렸다. 하지만 그 표현은 오랜 세월 사람들 입에 오르내리다가 세대가 바뀌면서 잦아들어갔다.

아마도 우리나라에서 유행어 생산의 일 번지는 코미디 프로그램일 것이다. 개그콘서트의 '거지의 품격'에서 나왔던 허경환의 '궁금해요? 궁금하면 500원!' 같은 평범한 표현도 코미디언의 입을 통해 전파되면 정말 궁금해지다가 이 말로 인해서 궁금함을 잊어버리게 되는 경우도 생긴다.

'됐네. 됐어.' 같은 말이 순수한 긍정에서 '잘 알아들었지만 받아들일 수 없네.'라는 부정적인 어투로 쓰이기 시작한 것도 이런 유행의 산물이다. 유행어는 종종 한 시대의 유행을 넘어서 아예 일상어가 된다.

최근에 기업체들에서 자주 쓰는 '고객님'이라든가 '팀장님' 같은 말도 예전에는 들을 수 없는 말이었다. 하지만 말하는 사람이나 듣는 사람의 암묵적인 동의하에 이제는 보편적인 단어가 되어 버렸다.

또 하나 조심해야 할 점은 이미 시효가 지난 유행어를 젊은이들에게 사용하는 일이다. 이미 서태지도 졸업하고 동방신기나 보아도 지나, 이제는 10대 아이돌에 열광하는 세대 앞에서 작고한 이주일이나 사오십이 훌쩍 넘은 개그맨들의 유행어를 사용한다면 어떨까. 그들은 알아듣기는커녕 세상 물정 모르는 사람이라고 손가락질하지 않겠는가.

한편 기회가 왔다고 해서 아는 유행어의 보따리를 몽땅 풀어놓으면 미리 준비했다는 오해를 받기 십상이다. 자연스럽게 말하다가 기회다 싶을 때 한두 마디 유행어를 활용함으로써 좌중을 웃음바다로 만드는 센스가 필요하다. 더구나 딱딱한 분위기, 싸울 것 같은 분위기에서는 반전을 위한 유행어 활용이 큰 힘을 발휘한다.

 **여기서 잠깐만~!**

시효가 지난 유행어 활용은 금물

비즈니스를 할 때 유행어를 활용하게 되면 상대방에게 자신의 의견을 신선한 느낌으로 전할 수 있다는 장점이 있다. 하지만 사람에 따라서는 경망스럽게 느끼거나 소외감을 가질 수 있으므로 주의해야 한다. 또 하나 조심해야 할 점은 이미 시효가 지난 유행어를 젊은이들에게 사용하는 일이다.

유쾌해지는 말로 상대를 즐겁게 하라

유쾌한 사람을 만나면 절로 즐거워진다. 상대의 유쾌함이 자신에게도 그대로 전달되기 때문이다. 그래서 어떤 사람을 만나든 유쾌한 자리를 갖는다면 헤어지기 섭섭한 기분이 든다. 미소를 머금게 하는 유쾌함이 자리했기 때문이다. 그런 사람은 가령 당신이 껄끄러운 비즈니스를 목적으로 찾아간다 해도 냉담하게 돌려보내지 않는다.

그는 분명히 당신의 말에 진지하게 귀를 기울일 것이다. 색다른 의견을 내놓으면 거기에서 나름대로 장점을 발견하려 애쓴다. 그런 다음 자신이 발견한 문제점을 친절하게 설명해줄지도 모른다. 어쨌든 그는 처음부터 부정적인 시각으로 출발하지는 않는다.

이와 반대로 만일 누군가가 처음부터 당신의 의견에 트집을 잡거나 부정적인 방향으로 대화를 이끌어 나간다고 생각해 봐라. 다시는 그를 만나고 싶은 기분이 들지 않는다. 당신은 누군가의 의견이 부질없다고 여겨져도 그 가운데 취할 만한 것을 찾아보아야 한다. 전체적으로 쓸모없는 내용이라는 판단이 들더라도 최대한 개선의 노력을 기울인 후 가부의 결정을 내려야만 당신은 그로부터 신뢰할 만한 사람으로 대접받는다. 매사 빈정대는 듯한 말투로 기분을 상하게 하는 것보다 유쾌한 기분으로 상대를 수용하는 자세로 대화를 풀어야 한다. 결국 유쾌한 기분은 상대에게도 전염되는 것이다. 그래서 같이 즐거워질 수 있다.

남을 유쾌하게 함으로써 성공에 이른 사람도 있다. 그런 사람은 언제나 사람들의 새로운 의견을 존중하고 당사자도 미처 깨닫지 못한 장점을 발견하려고 애쓴다. 그런 습관으로 많은 사람들이 그를 좋은 사람, 믿을 수 있는 사람으로 따르게 되어 커다란 신망과 세력을 쌓을 수 있다.

미국의 적십자 전시위원회 위원장이었던 데비슨이 바로 그런 사람이다. 1918년에 그는 데일 카네기와 함께 런던에 있었다. 어느 날 두 사람이 파리로 가기 위해 런던을 출발하려는데, 데비슨은 카네기에게 프랑스 현지에서 일하는 적십자 친구들이 좋은 담배가 없어서 곤란하다는 말을 했다. 그런 다음 그는 현지에서 특별히 훌륭한 일을 했다고 여겨지는 사람의 이름을 뽑아 쓴 종이를 보이며 물었다.

"이 사람들에게 좋은 담배를 한 상자씩 구해 주려는데 자네 생각은 어떤가?"

그 이름을 일별한 카네기는 한 사람의 이름이 빠져 있는 것을 발견하고 대답했다.

"그 사람에게도 담배 한 상자를 주어야 되지 않겠나?"

그러자 데비슨은 생각에 잠기더니 이렇게 말하는 것이었다.

"내가 그 사람을 어떻게 잊을 수 있겠나. 나는 그에게 특별히 담배 두 상자를 줄 생각이라네."

"아니, 어째서 그 사람에게만 두 상자를 주겠다는 건가?"

"그야 당신도 한 상자를 줄 만하다고 생각했고, 나도 한 상자를 줄 만하니 합해서 두 상자가 아닌가?"

그렇듯 유쾌한 심성과 유머로 세상을 대하는 사람에게 한 수 배우는 것이다. 마음을 열고 곁에 있는 사람을 즐겁게 하여 세상을 포용할 수 있는 것이다.

 여기서 잠깐만~!

웃음이 건강에 미치는 좋은 점

* 웃음은 각종 항체를 분비시켜 더욱 튼튼한 면역체를 갖게 한다.
* 웃을 때는 심장 박동수가 두 배로 증가하고 폐 속에 남아 있던 나쁜 공기를 신선한 산소로 빠르게 바꿔주어 유산소 운동 효과가 있다.
* 웃음은 근육, 신경, 심장, 뇌, 소화기관, 장이 총체적으로 움직이는 운동요법이다.
* 웃음은 스트레스와 긴장, 우울증을 해소시킨다.

흥겨운 대화의 재료를 만들어내라

대화를 흥겹게 하는 사람에게는 특징이 있다. 대화를 흥겹게 하기 위한 충분한 이야기 재료를 가지고 있다는 점이다. 같은 이야기만 자주 하다 보면 듣는 이를 불편하고 지루하게 만든다고 앞에서도 했다. 같은 음식을 하루 세 끼 먹는 것보다 세 끼 전부 다른 식사를 할 때 식욕이 더 난다. 다양한 재료로 만든 음식이 식욕을 돋우듯 다양한 소재로 이야기보따리를 풀어놓으면 대화 자체가 흥겨워진다.

그렇다면 흥미로운 대화를 이끌어가기 위해서는 풍성한 이야기보따리를 준비해야 한다. 이야기보따리 속에 다양한 재료를 넣어서 말이다. 그러면 많은 사람들이 이야기보따리를 지닌 당신을 만나는 일에 거부감을 나타내지는 않을 것이다. 늘 만나고 싶은 사람 중에 우선이 된다.

미국의 루스벨트 대통령을 만나본 사람들은 그의 박식함에 경탄을 금치 못했다고 한다. 그는 어떤 대화이건 간에 적

합한 화제를 풍부히 가진 사람이었다. 그렇다면 그는 어떻게 그처럼 풍부한 화제를 가지고 있었을까?

그는 누가 자신을 방문한다는 연락을 받으면 방문객이 좋아할 화제에 대해 관계 서적을 뒤지며 연구를 했다고 한다. 상대방이 가장 깊은 관심을 가지고 있는 문제를 화두로 삼고자 하는 노력이다.

대화를 잘하는 사람은 언제나 샘물처럼 솟아나는 다양한 화제를 가지고 있다. 활동력이 적거나 주위가 산만한 사람은 많은 화제를 가질 수 없다. 화제를 모으기 위해서는 알게 모르게 집중력이 필요하고 노력을 해야 한다. 대화의 재료를 많이 모으려면 하찮게 여겨지는 이야기라도 주의 깊게 듣고 그 안에 중요한 부분을 메모해두는 습관을 들이는 것이 좋다. 또 텔레비전이나 인터넷, 신문 등에도 좋은 이야기의 재료가 많다. 그것들을 어떻게 골라내어 이야기 구조 속에 집어넣느냐가 당신이 말 잘하는 사람이냐 아니냐의 관건이 된다.

남의 말을 경청해서 화제를 수집하기도 한다. 그러나 부정확한 이야기나 가십, 혹은 틀린 정보는 아예 화제의 대상에서 삭제하는 것이 좋다. 또한 아무리 화제가 풍부하더라도 상대의 흥미를 끌 수 없는 화제라면 아무 소용이 없다. 문제는 당신이 흥미 있어 하는 이야기가 아니라 상대가 흥미 있어 하는 이야기를 화제로 삼아야 한다는 것이다.

　인간은 누구나 자기 자신에 대해 최대의 관심을 가지고 있다. 따라서 상대편에 관한 사항을 화제로 삼으면 상대를 기쁘게 할 수 있다.
　인간이 행동을 하는 동기는 자신의 욕구를 충족시키기 위해서이다. 따라서 인간의 욕구에 호소하는 화제를 선택하면 이쪽 이야기를 잘 들어주게 된다. 즉 상대에게 이익을 주는 것이 무엇인지를 간파하면 상대의 귀는 저절로 열려진다.
　또 건강 관리, 인사 이동이나 주가 등락 문제 등 평소 근심이 되었거나 신경이 쓰이는 화제에도 관심이 많다. 그런가 하면 두려운 이야기나 진기한 이야기도 흥미를 일으킨다. 추상적인 화제는 이해하기 어렵고 싫증나기 쉽다. 우울한 이야기는 화제의 대상에서 빼야 한다.

 **여기서 잠깐만~!**

웃음의 마력

웃기 시작하면 우리 몸 속 6백50여 개의 근육 중에서 2백30여 개가 한꺼번에 움직인다고 한다. 보통 달리기나 걷기, 수영 등의 운동을 할 때도 이처럼 온몸의 3분의 1에 해당하는 근육이 동시에 움직이지는 않는다. 그리고 한 번 웃는 것은 에어로빅을 5분 동안 하는 운동량과 같고, 20분 동안 웃는 것은 3분 동안 격렬하게 노를 젓는 운동량과 같다고 한다.

과장된 표현은 품격을 떨어뜨린다

화술은 단순히 말하는 기술이 아니다. 단순히 말하는 기술이라면 그냥 스피치 학원에서 익혀도 된다. 화술은 말하는 기술에다 진실과 성의를 담아내야 한다.

말을 잘하는 조건은

첫째 진실眞實

둘째 양식良識

셋째 기분氣分

넷째 재치才致라고 본다.

그러나 진실은 어떤 대화에 있어서도 가장 중요한 요건이다.

세상에는 무엇이든 과장하려 드는 사람이 있다. 과장하는 일이 점점 버릇이 되어 말끝마다 이야기를 부풀리거나 포장을 하기 때문이다. 똑같은 거짓말도 서너 차례 반복하다 보면 실제로 그런 것인 양 착각이 들 때가 있다.

가령 당신이 미국 여행을 두 차례 했는데, 이를 다른 사람들에게 십여 차례 갔다 온 것으로 부풀리기 시작하면 어느 순간에 가서는 당신이 정말 십여 차례 여행을 다녀온 것으로 생각되는 것이다.

이것은 결국 거짓말이 거짓말을 야기하는 꼴이다.

지나치게 과장된 말을 하는 사람은 성격적으로 문제가 있을 수도 있다. 자신의 말을 남이 잘 받아주지 않는 결함을 가지고 있어서 그런 아픔을 무의식적으로 말로써 과장하는 버릇을 보이는 것이다.

'양치기 소년'의 이야기에서처럼 한두 번은 속아줄지 모르지만 과장이 자주 반복되면 나중에는 아무도 그 사람의 말을 신뢰하지 않는다. 그 사람이 아무리 진실을 말해도 그것을 진실로 받아들여주지 않는 이상 그 사람은 거짓말쟁이가 된다. 이것이야말로 지독히 슬픈 일이 아닐 수 없다.

그러므로 당신은 진실이 아닌 것을 말하지 않는다는 마음가짐을 가져야 한다. 그래야 대화가 끝나고도 후회하는 일이 없어진다. 과장이라고 해서 숫자를 부풀리는 것만이 과장은 아니다.

"이건 지금까지 내가 본 영화 중에서 최고였어."

"이 맛은 한 번도 먹어보지 못한 맛이야."

"진짜 그 사람은 진국이야."

말끝마다 최상급의 표현을 버릇처럼 붙여야만 직성이 풀리는 사람이 있는데, 이 역시 과장된 표현이며 사람들의 환영을 받지 못하는 말버릇이다. 이런 표현을 하는 사람들을 유심히 보게 된다. 어느 순간이라도 자기 상황에 맞추기 위해 이런 최상급의 말을 써서 진실을 호도하는 일은 멈추어야 한다. 자기 진가는 진실에서 나오는 법이다. 말도 마찬가지이다. 지나친 과장의 표현은 진실을 가리운다.

 여기서 잠깐만~!

가끔씩 눈 딱 감고 오버하라

상대의 주의를 끌고 싶다면 어느 정도의 '오버 액션'을 해도 나쁘지 않다. 같은 이야기라도 목소리의 높낮이에 변화를 주고 몸짓, 발짓, 손짓, 표정 등을 달리 해가며 조금은 과장된 표현을 한다면 어느 정도 관심을 끌게 마련이다. 개그맨들은 같은 내용이라도 슬랩스틱처럼 온몸으로 이야기하기 때문에 한 편의 코미디를 보는 듯이 느껴지게 만든다. 그러나 자주 오버하지는 말아야 한다.

찡그리지 말고
재미있고 신나게 듣는다

상대가 전혀 흥미없고 재미없는 이야기를 계속 하고 있다면 어쩔 것인가?

억지로 참으며 그 이야기를 경청하게 될까. 그렇지 않다. 재미없는 이야기를 계속 듣게 되다 보면 어느 순간 저절로 고개가 옆으로 돌아간다. 혹은 바닥을 내려다보며 딴전을 피우게 된다. 그렇다면 말하는 사람은 이런 자세를 취하는 사람 앞에서 이야기를 계속 끌어가기는 어렵다.

계속 마주 앉아 말을 해야 하는데 듣는 사람이 이렇게 곤혹스러워하면, 이야기하는 사람도 난처하기는 매한가지다. 조금 더 재미있는 이야기를 하려고 애를 써보지만 듣는 이가 재미없어 할까 봐 초조해하면 할수록 수렁으로 빠져들 수밖에 없다.

자, 그렇다면 곤혹스러워하는 상대가 보다 잘 말할 수 있도록 재미있게 듣는 방법은 없을까?

듣는 것도 일종의 표현이며 기술이다. 조금만 상대에게 애정을 가지고 이야기를 경청하면서 맞장구를 쳐준다면 상대는 힘을 얻어 얼마든지 이야기를 재미있는 방향으로 이끌어간다.

기왕에 들어야 하는 말이라면 관심을 가지고 열심히 듣겠다는 자세를 가져야 한다. 이야기가 재미없어 자리를 박차고 나오지 않는 이상 아무리 지겨운 이야기라도 상대편으로부터 좋은 부분은 보이게 마련이다. 거기서부터 대화의 실마리를 찾아 이야기를 주고받는다면 자연스럽게 대화가 이어질 수 있지 않을까.

남의 말을 잘 듣는 일이란 그리 쉬운 일은 아니다. 자기의 모든 것을 털어놓고 말하고 싶은 상대가 있는 반면, 하찮은 것이라도 말하기 싫은 상대가 있다. 이것은 상대가 어떤 듣기 태도를 가지고 있느냐에 따라 달라진다. 가급적이면 즐거운 상대를 만나 대화를 하고 싶어 한다.

누가 어떤 말을 할 때 전혀 반응이 없고 눈빛조차 달라지지 않는 사람보다는 가볍게 고개를 끄덕거린다든가 중간 중간 눈빛을 빛내고, '응', '그렇지' 이런 맞장구를 치는 사람과 대화를 하기가 훨씬 좋다.

그래서 뜻하지 않게도 '자네니까 하는 말인데.' 하며 속에 있는 비밀까지 털어놓게 되는 것이다. 그러므로 기왕에 들는 말이라면 아무 생각 없이 듣기보다는 상대의 얘기가 재미있어 못 견디겠다는 마음가짐으로 들을 수 있어야 한다.

그리고 상대가 당신의 말에 대해 관심을 가지기 시작했다는 것은 여러 군데에서 징표가 나타난다. 그 가운데 하나는 궁금한 점을 질문한다든가, 그 문제에 대해 더 알고 싶은 느낌을 말해 오는 것이다. 그러한 반응이 나타나면 대화를 이끌어나가기가 쉬워지고 대화의 목적을 달성할 가능성이 많아진다.

 여기서 잠깐만~!

유머를 섞어서 충고하자

한마디의 따끔한 충고나 질책보다 우회적인 표현이 더 효과적일 때가 많다. 질책을 하는 경우에도 먼저 잘한 일에 대해 격려하고 배려하는 마음을 보여준 다음에 잘못된 것을 이야기하도록 한다. 그리고 되도록이면 짧고 간결하게 사실에 대해서만 지적하는 것이 좋다. 가장 바람직한 방법은 유머를 섞어서 부드럽게 말하는 것이다.

유머로 시작하는 대화는 즐거움을 만든다

　대화는 혼자서 할 수 없다. 혼자 하는 대화는 중얼거림이다. 정신 나간 사람이 혼자 지껄이는 말은 더 이상 대화가 아니다. 대화는 둘 이상의 사람이 모여서 서로 이야기를 주고받는 일이다. 다른 사람을 무시하고 혼자 지껄이는 일은 더더욱 대화가 아니다. 자신이 말하고 상대가 그에 반응하여 말을 들어주고 또 상대에게 말할 기회를 주어 상대로 하여금 말문을 트이게 해야 진정한 대화가 이루어진다.

　유머 또한 마찬가지이다. 아무리 배꼽 잡을 만큼 우스운 이야기라도 상대가 들어주어야 한다. 그리고 상대가 그에 반응하여 대꾸하면 유머는 무르익게 되며 분위기 또한 상승한다. 나 혼자 유머를 말하고 즐길 수는 없다. 자신의 유머에 상대방을 동참시켜 가야 이야기는 점점 무르익어 갈 것이다.

　말 잘하는 달변가도 연설을 할 때는 지켜야 할 것이 있다.

일방적으로 청중에게 자신의 이야기만을 전달하는 것은 듣고 싶지 않은 설교일 뿐이다. 청중을 무시한 채 저 혼자 지껄이면 재미없는 설교로 치부되어 연설의 가치 또한 떨어진다. 청중들은 그런 연설가의 말을 들으려 하지도 않고 심드렁해지는 등 거부 반응을 보일 것은 뻔하다. 청중들의 반응을 이끌어내며 연설을 하는 이가 바로 프로 연설가라고 본다.

물론 개인끼리 대화에서도 아무리 재미있고 우스운 이야기라도 혼자만 말한다면 금방 분위기는 썰렁해질 것이다. 특히 유머는 주고받아야 재미가 있는 법이다. 그렇다고 혼자 말하던 사람이 막연히 상대방에서 반응을 보이지 않는다고 가만히 있을 수만은 없는 노릇, 그렇게 기다리다간 어색한 분위기만 지속될 뿐이다. 상대가 말을 꺼내지 못하고 망설인다면 자신의 이야기에 상대를 끌어들여 대화를 이어나가게 만들어야 한다.

유머는 주고받아야 한다. 유머만큼 분위기 전환을 위한 방법은 그다지 많지 않다. 혹시 여러 사람이 대화 도중, 의견 충돌을 일으켰을 때라도 임기응변 식 유머로 뜨악해진 상황을 다시 화기애애하게 만들 수 있어야 한다.

그런 사람들이 모여 있는 자리에서 대화란 열띤 논쟁거리도 유머나 즐거운 화제로 서로의 의견을 주고받을 수 있다.

서로 다른 의견을 가진, 특히나 반대되는 의견을 가진 이들의 강한 자기주장도 논쟁으로 비화될 일이 드물다. 그만큼 유머는 대화의 양념이 된다.

그렇다고 쓸데없는 이야기로 대화의 맥을 끊어놓아서도 절대 안 된다. 뜬금없는 이야기로 황당한 분위기를 만들 필요가 뭐가 있겠는가. 요리의 양념처럼 대화의 맛을 가하는 역할을 하는 유머의 진수를 십분 활용하라는 이야기다.

 여기서 잠깐만~!

처음 만나는 어색한 분위기에도 유머를 사용

처음 보는 사람들과의 만남에서 적당한 유머를 사용하면 상대방의 긴장감이 쉽게 풀어져 자연스럽게 대화를 이어가기 쉽다. 이런 경우에 필요한 것은 솔직함이다. 자신의 솔직한 경험에 유머를 곁들여 이야기하면 상대방의 마음을 열 수 있기 때문이다.

화내지 말고 웃으며 거절한다

상대가 부탁을 해오거나 무엇을 청해 올 때, 들어줄 수 있으면 아무런 문제가 안 된다. 문제는 상대의 부탁을 들어줄 수 없을 때이다. 안 들어주자니 꺼림칙하고 들어주자니 형편이 안 되고. 이런 일들은 얼마든지 생겨난다.

미모의 무용가 이사도라 던컨이 영국의 유명한 비평가 겸 작가인 버나드 쇼에게 프러포즈를 신청했다.

"당신의 명석한 두뇌와 나의 아름다운 몸매와 미모를 결합시킨다면 우리에게서 태어난 아이는 정말 기가 막히지 않을까요?"

그 말을 들은 버나드 쇼는 한참 동안 생각을 하다가 입을 열었다.

"그렇지만 나의 보잘 것 없는 외모를 닮은 아이를 낳게 된다면 당신은 어떻겠습니까? 좀 실망스럽지 않을까요?"

버나드 쇼는 유쾌하면서도 상대가 기분 나쁘지 않게 프러포즈를 정중히 거절했다. 상대의 미모를 인정하면서 자신을 한껏 낮춰 우회적으로 이사도라 던컨의 청혼을 거절한 경우이다. 이사도라 던컨은 설령 버나드 쇼에게 청혼을 거절당했지만, 상대의 거절의 말 속에서 자신의 가치를 높이 평가해 주며 자존감을 살려주는 뉘앙스를 느끼고 기분 나쁘지 않았을 것이다.

우리가 세상을 살다 보면 누군가에게 부탁할 일도 부탁받을 일도 허다하다. 그러나 그 부탁을 거절하거나 거절당하는 일도 많다. 일단 남에게 부탁한다는 일 또한 쉬운 일이 아니다. 어렵게 부탁을 했는데, 아무리 상대의 상황을 이해한다 해도 단칼에 거절당한다면 섭섭해지는 것은 당연한 사람의 심리다.

그러므로 누군가로부터 부탁을 받아서 거절해야 할 경우라면 상대가 서운하지 않도록 배려하는 것이 무엇보다 중요하다. 거절당하는 것은 어쩔 수 없다 치더라도 자신의 입장을 이해해 준다는 사실만으로 마음의 위안을 얻을 수 있기 때문이다.

특히 보증 문제로 가족 친지나 친구들에게 부탁을 하거나 부탁을 받은 경우는 누구에게나 있다. 오죽 하면 그런 부탁을 하고 그런 부탁을 받아야 할까마는 그 경우야말로 답답

한 노릇이 아닐 수 없다. 매정하게 거절하면 어려운 상황에 부딪힌 상대를 모른 척하는 경우가 될 터이고, 상관하자니 자신의 생계 문제와 직접적 연관이 되어 걱정이 되는 진퇴양난의 경우에 봉착할 때가 많다. 혹시나 이런 경우에 처했을 때라도 부탁을 하는 경우나 부탁을 받는 경우나, 서로 상대의 기분을 상하지 않게 하면서 거절해야 한다.

제대로 거절하는 것도 인간관계에서 지켜야 할 예의이다. 때로는 정중하게, 때로는 상대의 입장을 이해하고 배려하면서, 때로는 웃으면서 거절하는 법을 익혀야 한다. 거절을 한다고 관계의 끝은 아니다.

들어줄 수 있는 부탁은 흔쾌하게, 그러나 자신에게 무리라고 여겨지는, 들어줄 수 없는 부탁은 용기를 갖고 확실하고 정중하게, 웃으면서 거절해야 한다.

 여기서 잠깐만~!

부드럽게 도움을 청한다

딱딱하게 내뱉는 명령조의 말은 아무리 가까운 사이라도 기분이 상할 수 있다. 상대방을 존중하는 마음으로 부드럽게 도움을 청하면 거절하기도 힘들다.

수학 공식처럼 준비된 유머로
첫 만남을 가져라

　마케팅 업무에서 활약하는 사람들을 자세히 살펴볼 필요가 있다. 특히 세일즈를 아주 잘하는 이들을 주의해서 살펴보면 특유의 무기를 발견하게 된다. 보험 판매업이나 자동차 판매 영업 등을 아주 잘하는 이들에게는 특유의 친화력이란 무기가 있는데, 그 친화력의 바탕이 바로 뛰어난 유머 감각이다.

　그들에게 있어서 공통적으로 발견되는 비장의 무기는 바로 유머이다. 그 무기로 많은 사람들을 자기의 편으로 만든다. 유머라는 그들의 무기는 남들에게 유쾌함을 던져주며 웃음을 선사한다. 또한 절대 남을 해치지 않는다. 남들에게 웃음을 선사하고 기쁨을 주고 생활의 활력소를 불어넣어 주는 일을 한다. 처음 만나는 사람도 오래전부터 알고 지냈던 사이처럼 느껴질 만큼 인간관계도 유연하고 친근감이 들게 만든다. 유머 감각을 지닌 그들의 이야기는 매번 새롭고 신선하다.

그렇다면 그런 이들은 항시 유머를 발산하는 재능을 가지고 있어서 시의적절한 유머로 즐거운 상황을 만드는 걸까, 타고난 유머 화술가라도 되는 걸까. 절대 그렇지 않다.

그들은 준비된 유머로 대화를 끌어낸다. 그런데 그게 생뚱맞은 이야기가 아니라 그 분위기와 상황에 맞는 이야기를 골라낸다. 그래서 잘 알고 지내던 사람을 만나든 아니면 처음 보는 사람을 만나든 사전에 철저한 준비를 갖춘다. 그 준비란 바로, 상대방과 만났을 때 무슨 이야기로 시작할 것인지를 미리 머리에 떠올리는 것이다. 그리고 그에 맞는 상황을 준비하는 것이다. 그래서 그런 이들은 사람을 만나기를 두려워하지 않는다.

특히 중요한 업무로 처음 만나는 사람들과의 불편함, 생소함을 극복하고자 준비를 한다. 자연스런 만남이야말로 그 일을 순조롭게 풀어갈 수 있는 계기가 된다. 그날의 날씨, 그날의 상황, 분위기, 하루 동안 일어났던 일들을 머리에 그리며 상대와의 친밀감을 먼저 떠올린다. 그것의 비법은 바로 유머이다.

그런 이들의 책상에는 많은 유머 자료들이 있다. 거기에는 신문, 인터넷, 잡지 등을 통한 유머 자료들이 차곡차곡 정리되어 있다. 그리고 사람들을 만나기 전에 만나는 상대,

그날의 상황, 일의 업무, 또는 개인적인 일 등 모두 그 분위기에 맞는 유머를 고르고 심지어 표정 또한 연습하는 열정을 보인다. 그래서 업무의 수단으로 유머를 선택하는 그들에겐 사람들과의 만남이 두렵지 않다.

재미있는 이야기를 습득하는 방법에는 여러 가지가 있는데, 주로 정보 매체를 이용하는 경우가 많다. 그리고 일상생활에서 일어나는 일을 무심코 지나치지 않으면 그 소재를 얼마든지 찾아낼 수 있다. 가족들과의 대화에서나 출근길에서 생기는 에피소드, 사람들과의 만남에서 발생한 일 등 주위를 둘러 찾아보면 소재는 얼마든지 있다.

이런 방법들을 얼마나 찾아내느냐가 중요한 일이다. 선천적으로 뛰어난 유머 감각을 가지고 태어난 이도 있지만, 그건 개그맨 같은 특출한 재능을 가진 사람들이고, 일반인들은 그렇지 못하다.

 여기서 잠깐만~!

유머는 준비된 연습을 거쳐야

인간관계를 원활하게 만들어주는 유머를 내 것으로 만들기 위해선 미리 수학 공식처럼 준비된 유머를 활용하는 방법도 알아야 한다. 대다수 사람들에게 유머란 미리 준비된 연습을 거쳐서 마련하는 자료이다. 그러므로 다양한 유머를 접할수록 자신의 유머 감각은 훨씬 더 발전할 것이고, 말로써 사람을 대하는 두려움도 사라질 것이다. 그것은 궁극적으로 인간관계를 원활하게 만드는 요인이 된다.

첫인상의 호감은 바로 웃는 얼굴

웃는 얼굴은 모든 것을 가능하도록 만들어 준다. 얼굴이 어두우면 소극적이고 실패주의자처럼 보인다. 만약 당신이 누군가의 곁에 앉아야 할 때 같은 값이라면 웃는 사람의 곁에 앉으려 할 것이다. 웃는 얼굴은 모든 것을 다 포용할 것처럼 보인다. 그래서 어떠한 고민이라도 그 사람에게 풀어 보이고 싶다.

성공한 사람들 가운데 대부분은 웃는 표정을 자주 떠올린다. 그들은 어떤 중요한 부분에 이르면 영락없이 웃는 모습을 보여준다. 그 모습은 상대를 매료시키기에 충분하다. 그들의 웃는 표정은 자신감이 있어 보이게 한다. 웃는 모습은 마음의 여유가 없으면 불가능하기 때문이다.

미소 속에는 다음과 같은 의미가 담겨 있다.

"나는 당신을 좋아합니다."

"나는 그대를 만나서 기쁩니다."

"지금 당신이 말하는 내용은 무척 재미가 있습니다."

그 뿐이 아니다.

"지금 잘 나가고 있습니다. 계속해서 그렇게 나아가십시오."라는 격려의 표시도 담겨 있다. 미소는 어떤 사람이든 내 편으로 만드는 마력을 지닌 무기이다.

미소를 짓는 당신은 상대방 마음까지 환하게 밝혀준다.

미소를 지을 수 없을 때는 다음과 같이 해보라.

우선 억지로라도 웃어본다. 콧노래를 불러 자신의 내면에 흥을 돋우고 난 다음 아주 행복한 기분으로 행동해 본다. 그러면 정말 행복한 기분이 든다.

링컨은 말했다.

"인간이란, 자신의 행복해지려는 결심의 강도에 따라 그만큼 행복해 질 수가 있다."

미소를 잃지 않는 사람은 언제 어느 곳에서도 환영을 받는다.

당신은 짜증을 낼 권리도 있지만 이 세상을 행복하게 살아갈 권리도 있다. 노래를 흥얼거릴 권리, 가슴을 펴고 힘껏 환성을 지를 권리, 만일 당신이 기뻐할 권리를 누리겠다고 다짐만 한다면 당신의 생활 요소요소에는 즐거운 일들이 가득하게 된다.

웃어라, 힘들고 괴로울 때라도 웃어라. 누군가를 처음 만났을 때에도 웃는 얼굴로 대면하라. 그러면 대화도 쉽게 풀려간다. 만약 딱딱한 표정으로 첫 만남을 가진다면 그 상대는 다음부터 다시는 당신을 찾지 않을지도 모른다.

 여기서 잠깐만~!

재미있는 유머 소재는 어떻게 개발할까

* 신문, 잡지, 텔레비전, 인터넷 등 각종 매체를 활용한다.
  신문, 잡지, 인터넷 등에는 다양한 유머들이 실린다. 평소에 이들을 꼼꼼히 스크랩해 두었다가 회식이나 모임 등에서 자신의 유머를 발휘해 보도록 한다.
* 남으로부터 들은 이야기를 상황에 맞게 활용한다.
  이미 다른 사람에게서 들은 재미있는 이야기들도 좋은 소재가 된다. 이를 그대로 전달하는 것도 좋지만 자신만의 아이디어로 새롭게 창조해도 좋다.
* 생활 주변에서 아이디어를 찾는다.
  어린아이들이 하는 말과 생각에는 어른들이 미처 생각하지 못하는 기발한 아이디어들이 많다. 우리 생활 주변은 무한한 유머의 보고임을 명심하고 자세히 관찰하는 습관을 기른다.
* 적극적으로 사람들을 만난다.
  유머의 소재는 사람들 속에 있다. 사람들을 적극적으로 만나다보면 자연스럽게 다양한 유머 소재들도 만날 수 있다.

말은 양날의 칼이다

"당신은 아직도 그 모양이야? 언제 제구실할 거야."

"정말 나이를 헛먹었군. 여태 그런 일도 제대로 처리하지 못하나?"

직장 상사가 화가 난 나머지 엉겁결에 이런 말들을 내뱉는다. 이 말을 들은 부하 직원은 은연중 심한 상처를 안게 된다. 때론 이 말을 들은 부하 직원은 화가 치민 나머지 상사에게 앙심을 품고 신체적인 위해까지 가할 수 있다. 순간적인 모멸감이 인성을 마비시키고 절제심을 무너뜨려 버리는 것이다.

말은 때론 순식간에 한 사람의 인생을 좌우하기도 한다. 몸에 상처가 나면 쉽게 아문다. 그러나 말로 입은 상처는 결코 쉽게 아물지 않는다. 호수에 무심코 던진 돌멩이가 개구리의 목숨을 위협하는 것과 마찬가지다. 말을 한 사람은 금세 잊어버릴 수도 있다. 참혹한 말을 들은 사람은 시간이 지날수록 그 말을 되새기면서 복수의 기회를 노리게 된다.

말은 양날의 칼이다. 이런 부정적인 면도 있는 반면 삶의 의지가 되고 인생의 지표가 되는 긍정적인 면이 있기 때문이다.

"너는 정말 특별한 아이야."

"너는 운동에 특별한 재능이 있어."

"너는 그림을 아주 잘 그리는구나."

이와 같은 선생님의 말 한 마디에 공부와 담을 쌓았던 말썽꾸러기 소년이 장학생이 된다. 그림을 잘 그리는지 몰랐는데, 새삼스럽게 자신의 재능을 깨닫고 그림 그리는 일에 열심인 아이들도 많다. 공부는 잘 못하지만 운동을 잘하는 아이에게 운동을 잘한다고 격려해 준다면 그쪽으로 자신의 재능을 키워갈 수도 있다. 말은 이처럼 인생을 궁지에 몰아넣을 수도 있고 희망의 돛대가 되기도 한다.

사람들은 언제나 말을 한다. 그 말은 우리의 생각을 좌우하고 행동으로 이어진다.

한 가지 실험을 해 보자. 백 원짜리 동전에 30센티미터 정도의 실을 매단 다음 마음속으로 '흔들린다. 흔들린다'라는 암시를 주어보라. 그러면 실제로 동전이 흔들린다. 말이 신체의 움직임까지 이끌어내는 것이다. 이처럼 말은 현실을 만들어낸다. 그러므로 어떤 상황에 직면하든지 '나는 반드시 잘할 수 있다'라는 긍정적인 말을 되뇌도록 하라. 그러면 동전이 흔들리는 것 이상으로 놀라운 인생을 향유할 수 있게 된다.

오늘 생각하고
내일 말하라

> 두려운 말로 상대방을 설득하지 못하는 사람은
> 위엄 있는 말로도 설득하지 못한다.
> ─ 안톤 체호프 ─

대화의 물꼬는 부드러운 첫마디로 시작된다

　서먹한 관계에 있는 사람들이 만나면, 우선 무슨 말부터 해야 할지 망설인다. '어떻게 난감한 이 상황을 풀어가지?' 고민도 되고, 안절부절못할 때가 많다. 그렇다고 친분이 있거나 스스럼없는 사이라면 그건 별개의 문제인데, 잘 안다고 할 수도 없고 그렇다고 생면부지의 사람이 아닌 다음엔 서먹한 분위기를 빨리 벗어나고 싶을 테다.

　우선 대화로 그 서먹한 분위기를 깨야 한다. 친한 사이라면 눈빛이나 몸동작으로도 우선 마음을 표현할 수 있다. 그렇지 못한 사이에서는 대화가 즉효다. 대화의 물꼬는 부드러운 첫마디로 시작하는 거다.

　상대랑 별로 이야기를 나누고 싶지 않더라도 그 첫마디는 부드러워야 한다. 상대의 기분이 어떻든지 상관할 필요는 없다. 일단 당신이 먼저 예의를 차리고 부드럽게 대한 다음, 상대가 그 부드러움 속으로 빨려 들어오도록 만드는 것이다.

이런 의미에서 첫마디는 매우 중요하다.

먼저 미소를 머금어라. 상대는 당신의 입에서 무슨 얘기가 나올 것인가에 대해 주의를 기울이고 있을 것이다. 이때 미소는 당신의 마음을 풀어주고 상대의 긴장감을 풀어주는 일석이조의 역할을 한다. 얼굴을 찌푸리거나 침울한 표정은 금물이다.

첫마디를 본론부터 시작하는 것은 좋지 않다. 본론으로 들어가지 말고 주변 이야기를 끌어들임으로써 분위기를 완화시킨다. 이럴 때를 대비해서 상대의 가족관계, 취미, 요즘 진행하고 있는 일 등에 대한 사전 정보를 입수해 두는 것이 좋다.

화제는 어떤 것이든 좋다. 사무실을 나와 그 사람을 만나러 가기까지 길거리에서 생긴 일도 생생한 화제가 될 수 있다. 정보가 없을 경우에는 요즘 화제가 되고 있는 이야기부터 시작하라.

"김연아는 정말 대단해요. 이번 세계피겨선수권대회에서 경기 장면을 보니 정말 훌륭하더군요. 어쩌면 실수 한 번 없이 완벽하게 마무리를 잘하는지, 다시 한 번 2010년 뒤를 이어 2014년 동계올림픽에서도 금메달을 땄으면 좋겠어요."

정치와 종교에 관해서는 상대와 확실히 같은 입장에 있지 않는 한, 화제로 올리지 않는 것이 좋다. 서로 대립할 가능성이 많기 때문이다.

일단 첫마디를 부드럽게 시작하여 상대가 말문을 열면 그 말을 잘 이끌어 본론으로 들어간다. 말의 시작은 어려워서는 안 된다. 자연스럽고 온화한 태도로 상대를 향해 구체적으로 어떤 사건이나 사물에 대해 설명을 한다고 생각하면 된다.

상대방이 현학적으로 느껴지도록 어려운 용어나 말을 일부러 사용해서는 안 된다. 아무리 쉬운 말을 사용한다 해도 자신의 의사가 100% 상대에게 전달되었다고 보기는 어렵다. 그러므로 지나치게 어려운 용어를 사용하는 것은 상대로 하여금 거부감을 느끼게 하는 것과 동시에 대화의 목적을 방해한다.

대화술의 기본은 상대가 쉽게 알아듣도록 말을 하는 것이다. 그러므로 가급적 쉬운 말로써 상대에게 제대로 전달되었는지를 확인하며 이야기를 전개해 나가야 한다. 자기 이야기가 잘못 전해지면 아무 의미가 없으므로 상대가 잘 알아듣도록 해야 한다.

 **여기서 잠깐만~!**

선입관이나 편견 등을 갖지 않기

선입관이나 편견 등을 가지고 상대의 말을 들으면 그 사람이 지금 나에게 말하고, 느끼고 있는 바가 무엇인지를 제대로 알 수 없다. 그러므로 주관적인 판단은 철저하게 배제하고 상대의 입장에서 한 번 더 생각할 수 있는 자세를 기르기 위해 노력해야 한다.

진실을 담은 말의 힘은 세다

 화술은 현란한 언어 구사로 자신을 덧씌우는 일이 아닙니다.

 사람들은 화술이라면 온갖 화려한 수사와 미사여구로 덧칠하는 말의 포장술쯤으로 깎아내린다. 또한 말은 잘 못해도 한 분야의 일인자로 군림하는 임권택 감독 류의 인물들을 예로 들면서 화술에 대한 폄하를 주저하지 않는다. 하지만 그들은 카네기나 잭 웰치, 빌 게이츠와 같은 입지전적인 인물들이 쓴 성공학류의 서적이나 화술 서적을 보면서 침이 마르게 칭찬하곤 한다.

 이런 이율배반적인 모습의 이면에는 말보다는 글을 떠받드는 유교적인 풍토가 한 몫을 단단히 한 이유도 있겠지만, 제대로 된 화술 교육이 없었고, 화술에 대한 인식 자체가 없었기 때문이다. 그러니 화술이란 세일즈맨들의 전유물로만 생각할 수밖에 없었다.

일부 기업체나 스피치 학원 등에서 행하는 화술 교육도 조악하기 그지없어서 원칙 없는 화술 서적이나 유머집을 교재로 삼거나, 웅변, 연극에서의 발성법을 가르치는 수준에 불과했다. 그렇지만 경제 현실이 복잡해지고 영업직이니 관리직이니 하는 영역이 무너져가고 있는 현대에 이르러서는 보다 정제된 화술이 비즈니스맨들의 필수 요건이 되었다.

말이 곧 힘이 되고 에너지를 고양시키는 단계가 된 것이다. 그러므로 제대로 된 화술을 구사하지 못하면 인간관계는커녕 성공적인 비즈니스를 기대할 수 없게 되었다.

좋은 화술이란 말하는 사람의 진실한 정신과 참다운 개성에서 비롯된다. 허풍으로 가득한 과장된 말은 어디에서도 환영받지 못한다. 현대의 인간관계는 자연스러움으로 맺어진다. 처음 만난 사람이라도 오래된 친구처럼 편안하게, 그리고 열정적으로 교감하는 한 마디 한 마디의 말이 꽃을 피우고 열매를 맺는 것이다.

세상에는 많은 말들이 돌아다닌다. 그중에서 진실이 아닌 말은 아무리 많이 알아도 아무런 쓸모가 없다. 그것들은 증권가의 루머처럼 사람들에게 피해를 주고 실망감을 안겨준다. 그런 쓰레기를 입에 달고 다닌다면 언젠가는 반드시 도태되기 마련이다. 그러므로 누군가와 대화를 할 때는 성실한 태도와 진실한 언행을 가져가야 한다. 허장성세를 보인다든지 뜬소문의 전파자가 되어서는 곤란하다.

언제나 상대방에게 한 수 배운다는 생각으로 대화에 임하라. 그리고 내 진실한 마음을 전달함으로써 최소한의 도움이라도 되겠다는 태도를 보여라. 그와 같은 겸손과 존경의 마음이 자리할 때 사람들은 당신의 말에 귀를 기울이게 된다.

말을 잘하는 것이 힘이 아니다. 말 속에 담겨 있는 당신의 진실이 힘이다.

 여기서 잠깐만~!

입장을 바꾸어 보기

상대의 판단이나 행동을 두고 '어리석다'라거나 '현명하다'라는 식의 판단은 하지 않는 것이 좋다. 대신, 상대의 성장 배경이나 처지 등을 고려해 상대가 그렇게 할 수밖에 없었던 이유가 무엇인지를 이해하고자 노력한다.

사람을 얻는 대화 예절이 따로 있다

 사람을 얻는 최고의 수단은 말의 힘일 것이다. 말 한 마디로 사람을 놓치기도 하고, 사람을 내 안으로 끌어들일 수 있다. 우리는 흔히 이런 말을 한다.
 "마음은 그렇지 않는데, 말이 헛나가서……."
 "실은 내 생각은 그게 아닌데 홧김에 그런 말을 했네."
 "본심은 그게 아니야. 그냥 지나치는 말이니까 마음에 담지 마."
 모두가 마음은, 생각은, 진심은, 그게 아니란다. 그런데 말이 빗나가서 그렇다는 것이다. 이미 입 밖을 나와 던져진 말은 돌이킬 수 없다. 아무리 본심은 그게 아니라고 변명을 해봤자 밖으로 나온 말은 수습을 하지 못한다.
 그러므로 말 한 마디로 한꺼번에 열 명이 떠나갈 수도 있고, 스무 명을 얻을 수도 있다. 스무 명을 얻기 위해서는 사람을 얻는 대화 예절을 지켜야 한다.

세상에서 성공자의 반열에 오른 사람들은 항상 자신과 대화한다. 그들은 끊임없이 자신의 내면에 말을 건넨다. 그 안에서 들려오는 신념의 소리에 귀를 기울임으로써 자신을 믿고 의지한다. 그들은 다른 사람과의 소통에도 아무런 장애를 느끼지 못한다.

　그들은 보통사람들이 상상하는 것보다 훨씬 더 많은 사람들과 대화를 나눈다. 또 그들에게 자신들이 성취한 열매를 나누어주는 데 인색하지 않다. 이렇게 볼 때 성공과 실패는 당사자가 얼마나 긍정적인 사고방식을 가지고 명쾌하게 다른 사람과 소통하느냐에 따라 결정된다.

　우리 사회도 이미 소통의 단계를 지나 통합, 통섭의 단계로 나가는 발전적인 위치에 와 있다. 소통, 통합, 통섭은 모두 서로 간의 주고받는 말에서 시작된다. 결국 말, 즉 대화가 우리 사회의 갈등의 구조를 벗어나서 통합의 과정으로 갈 수 있게 만드는 수단이 된다. 말의 힘이 사회의 변화를 끌어갈 원동력이 된다.

　화술을 공부하는 일은 믿을 만한 인간관계를 형성하고, 그로부터 삶의 목표를 달성함으로써 행복해지기 위한 필수 요건이다. 실제로 우리들은 어떤 환경에서든지 효과적인 대화를 해야만 적응할 수 있고 기쁨을 누릴 수 있다.

　세상사가 얼마나 복잡 다단한가. 세련된 대화의 경지에 들어가기 위해서는 정제된 준비 과정이 필요하고, 상대방과 어울릴 만한 기품이나 격식을 갖추어야만 한다. 아무리 맛있는 요리가 있다 해도 그것을 담은 그릇이 깨져 있다면 맛이 줄어들 것이고, 식사 에티켓이 엉망이라면 차라리 마주 앉지 않는 것이 낫지 않겠는가.

대화도 마찬가지다. 우선 상황에 맞게 옷을 입는 것이 매우 중요하다. 우리가 어떤 복장을 하고 있느냐에 따라 상대방은 얼마만큼 자신을 신뢰하고 존경하는지를 판단한다. 또 머리 모양이라든가 손짓, 표정 하나하나에 사람들은 무의식적으로 반응하게 되어 있다. 그래서 화술의 달인들은 결혼식장에 나가는 신랑이나 신부처럼 자신을 완벽하게 갖추는 데 최선을 다한다.

그런 다음 본격적인 대화에 들어가면 그들은 상대방과 친밀감을 형성하기 위해 목소리와 리듬은 물론 톤까지 맞춰준다. 편안한 자리에서 가벼운 주제로 담소를 나누는데 갑자기 무거운 주제를 끌고나와 심각한 어조로 말한다면 금방 분위기가 어색해진다. 그래서는 결코 대화의 목적을 달성할 수 없다.

또 중요한 주제를 놓고 열띤 토론을 하는 자리에서 경망스러운 말투로 인신 공격이라도 하면 대화의 심각성을 훼손시킨다. 특히 여러 사람들 앞에서 단조롭고 느린 말투로 말하면 몹시 지루하고 따분해질 것이다. 그러므로 때와 장소에 맞게, 신중할 때는 말의 속도를 늦추고, 약간 낮은 어조로 말하며, 가벼운 화제에 대해서는 빠르고 경쾌한 어조로 말하라.

대화 도중 상대와 교감하는 제일 좋은 방법은 상대방의 자세와 감정에 자신을 맞추어주는 것이다. 그 가운데 상대방과 비슷한 자세를 취하는 것은 아주 간단하면서도 효과적인 방법이다. 상대방이 턱을 괴거나 발을 꼬고 있다면 자연스럽게 똑같은 자세를 취해보라. 또 팔짱을 끼거나 대화의 호흡을 맞추어보라. 그러면 부지불식간에 두 사람의 친밀도가 높아지게 된다.

좋은 화술은 나를 버리고 상대방의 의도를 깨우치는 데서 출발한다. 상대방과 같은 몸짓, 자세, 억양, 호흡을 통해 외면을 이해하면 그 사람의 내면을 이해하기가 훨씬 쉬워진다. 이렇게 잘 들어 주는 사람이 앞에 있다면 대화의 상대방도 말하기가 편하다.

👍 **여기서 잠깐만~!**

비언어적인 메시지에도 귀를 기울이기
상대의 말에 경청할 때에는 단지 상대의 언어에만 집중할 것이 아니라, 상대가 보여주는 비언어적 메시지에도 귀를 기울여야 한다.

상대의 호의를 자극하는
말로 가까워질 수 있다

두 사람이 대화를 한다. 그런데 한 쪽에서 계속 다음과 같은 말을 한다고 쳐보자.

"그렇게 안 해."

"그럴 리가 없어."

"그건 자네가 몰라서 하는 소리야."

이런 말은 대화를 할 때 가장 신경 써야 할 사항이다. 이런 말을 씀으로써 얻어지는 것은 아무것도 없다.

이런 말을 계속하고 있는 사람은 상대의 의견을 듣지도 않고 자기 의견만 계속 내놓는다. 그렇다면 듣고 있는 사람은 자기주장이 묵살당하고 있는데, 상대의 주장을 받아들이려고 할까. 그런 성인군자는 없을 것이다. 당신이 이 말의 뜻을 진정으로 이해하는 사람이라면 위와 같은 그런 소리를 입 밖에 내서는 안 된다.

상대의 자존심을 지켜주어야 한다. 그러면 상대도 역시

나의 자존심을 건드리지 않으려 조심할 것이다. 인생의 가장 중대한 법칙 가운데 하나는 이것이다.

'무슨 일에든 남들은 나와 다른 생각을 한다.'

우리가 이와 같은 생각을 염두에 두고 있다면 대인관계의 실패를 절반 이상 줄일 수 있을 것이다.

대화는 상대의 마음 문을 열게 하는 작업이다. 당신이 마음 문을 열었다고 해도 상대가 문을 열지 않으면 대화는 겉돌기만 할 뿐 알맹이가 없어진다. 상대의 마음 문을 여는 작업은 보기보다 까다롭다. 더욱이 상대가 처음 보는 사람일 경우에는 그 어려움이 더하다.

하지만 전혀 방법이 없지는 않다. 일단 상대의 마음을 여는 열쇠는 상대의 호의를 자극하는 것이다. 호의란 상대가 나에게 가지는 좋은 감정이다. 호의를 가지게 되는 동기 중에 동류 의식이란 것이 있다. 인간은 동류의식을 느낄 때 상대와 보다 가까워질 수 있다.

같은 성을 가졌다든지, 고향이 같다든지, 같은 학교를 나왔다든지, 같은 취미를 가졌다든지, 같은 곳에서 군 생활을 했다든지, 심지어는 같은 병을 앓았다든지, 똑같이 장남이라든지 하는 것도 동류 의식이 된다.

이러한 동류 의식은 상대를 자극하고 까닭 없이 당신을 믿게 만든다. 따라서 상대를 잘 관찰한 후 이러한 동류 의식을 자극하면 적어도 반 발짝 이상은 상대에게 더 다가가게 되고 상대의 마음을 열 수 있다.

새로운 사람을 사귀고자 하는 사람은 반드시 이 말을 기억해야 한다.

"이익이 서로 비슷할 때 두 사람은 협력하게 된다."

당신이 상대에게 줄 수 있는 것이 아무것도 없다면 상대는 곧 당신을 떠나갈 것이다. 그러므로 당신은 무언가를 줄 수 있는 존재가 되기 전에 사람을 사귀려 드는 것은 아까운 시간을 낭비하는 것과 같다.

 여기서 잠깐만~!

잘 듣기의 몸 자세

시선은 부드럽게 응시하며, 자세는 약간 상대 쪽으로 기울어져 있는 것이 좋다. 젖혀진 자세나 팔짱을 낀 태도 등은 상대에게 거부감과 무시당한다는 느낌을 줄 수 있으므로 주의해야 한다.

긍정의 말투는 대화의 필법

하루를 시작하기 전, 아침 일찍 일어나 거울을 보며 자신에게 말을 건넨다.

"오늘 하루는 기분 좋은 일이 있을 거야. 내게 행복한 일만 생길 거야."

이런 주문을 건네는 거다. 찌뿌둥한 기분으로 하루 일과를 시작하면 하루 종일 기분 좋지 않은 일들이 생겨나고 우울한 기분이 하루를 지배할 것이다. 늘 좋은 생각과 유쾌한 기분으로 자신을 돌아본다면 그 기운이 맴돌 것이요, 늘 찌푸리고 뭔가 불만에 쌓여서 자신을 돌아본다면 그런 불길한 기운들이 주위를 둘러쌀 것이다.

긍정의 생각과 긍정의 마인드란 삶을 부드럽게 만들어 주는 윤활유다. 그런 청량제로 자신을 감싸고 돌본다면 아무리 힘들고 괴로운 일을 당해도 꿋꿋하고 넉넉할 수 있게 된다.

사람의 감정은 전염된다. 그 감정은 전염병과 같아서 주위 사람들에게 바로 영향을 미친다. 밝고 활달하고 매사에 긍정적인 사람 곁에 있어보자. 곧바로 그런 기운을 얻어 주위는 긍정적으로 변하고 마음이 밝아짐을 느끼게 된다. 반면 표정이 어둡고 매사에 부정적인 생각을 하는 사람이 곁에 있으면 그런 기운을 변화시킬 자신이 없는 한 주위 모두가 역시 침울해진다.

어떤 사람 곁에 서면 비 오는 날에도 햇볕을 쬐고 있는 듯한 느낌을 받는 경우가 있는 반면, 어떤 사람의 곁에 서면 화창한 날에도 구름이 끼어 있는 듯한 느낌을 받는다.

그렇다면 사람의 감정은 어떻게 전달되는 것일까? 우선 그 사람의 표정, 옷차림 혹은 자세 등에서도 전달이 된다. 그렇지만 상당 부분은 그 사람의 말로써 전달된다. 따라서 말은 상대편으로 하여금 자신의 인상을 결정지어주는 중요한 역할을 한다. 그러므로 남의 말을 주의 깊게 듣는 것 이상으로 자신의 말도 꼼꼼히 점검해 볼 필요가 있다.

"사지 않겠습니까?"
"마음에 안 드십니까?"
"이것은 안 되는 것이 아닐까요?"
"그렇다고 생각되지 않으십니까?"

이처럼 모든 상황과 분위기를 부정적인 말로써 먼저 행하고 습관처럼 입에 배어 있는 말로 내뱉는다면 어떨까. 답은 뻔하다. 되는 일이 없어진다. 말로써 부정의 뜻을 먼저 표했는데 아무리 될 성싶었던 일이라도 쉽게 풀어질 수 있겠는가. 그러니 말을 보다 긍정적으로 바꿀 필요가 있다.

점원이 '사지 않겠습니까?' 하는 순간, 사고 싶었던 마음도 다시 한 번 생각해 보는 쪽으로 돌아설지 모른다. 마음에 들다가도 '마음에 안 드십니까?' 라는 질문을 받으면 정말로 마음에 안 드는 경우가 생긴다. 기분이 좋다가도 우는 사람의 곁에 있으면 덩달아 울고 싶어지는 것과 같은 이치이다. 반면에 이렇게 말하는 사람이 있다.

"정말 필요하실 겁니다."
"마음에 드실 겁니다."
"잘 어울리시는군요."
"그건 다른 방법을 사용하면 가능하겠습니다."
"그처럼 생각되시지요?"

이렇게 밝고 긍정적 화법을 구사하는 경우라면 어떨까. 안 될 일도 되게 만들 수 있다는 것이다. 이런 화법이 입에 밴 사람과 얘기를 나누면 자신의 마음도 덩달아 밝아지고 그와의 대화가 흡족해진다. 근심 걱정으로 기분이 우울하다가도 활짝 웃고 있는 사람과 마주치면 순간적으로 근심 걱정이 사라지는 것과 같다.

물론 연습한다고 해서 부정적인 말 습관이 단번에 긍정적으로 바뀌지 않는다. 말이 긍정적으로 변하려면 우선 당신의 생각이 긍정적으로 바뀌어야 한다. 부정적인 생각을 하는 사람에게는 일이 부정적으로 흐르고, 긍정적으로 생각하는 사람에게는 일이 긍정적으로 흘러간다. 생각이 바뀌면 행동이 바뀌고, 행동이 바뀌면 삶이 바뀌고 그다음에는 운명조차 바뀔 수 있다.

그러므로 우리는 어떤 일을 균형적으로 바라보되 긍정적인 측면을 보다 많이 들여다보고 생각하며 행동해야 한다. 이것이 습관이 되면 자신의 머릿속은 긍정적인 생각으로 가득 차게 되며 그의 입에서 흘러나오는 말 역시 긍정적으로 바뀐다.

즉 긍정적인 말을 수없이 반복하다 보면 자신의 생각도 긍정적으로 바뀌는 것이다. 언어학자들은 말 속에 주술적인 힘이 있다고 믿는다.

"할 수 있다. 난 할 수 있다. 난 해내고 말아."

어떤 중대한 일을 앞에 두고 소리 내어 그 일을 할 수 있다고 반복해 외치면, 실제로 그 일이 술술 풀리는 경우가 있다. 우리 속담에 '말이 씨가 된다'라는 것이 바로 그런 경우이다.

당신의 말 속에 부정적인 요소가 발견되면 그 즉시 긍정적인 화법으로 변화시켜 반복적으로 연습을 하면 좋다.

어떤 사람은 만나기만 하면 일단 한탄하는 소리, 우는 소리부터 한다. 하지만 누구라도 남의 한탄이나 우는 소리를 오랫동안 들어줄 사람은 없다. 한탄을 하는 사람이야 가슴속이 후련할지 모르지만 듣는 사람으로선 유쾌한 일이 아니다.

한탄을 자주 하는 사람은 매사에 일이 잘 풀리지 않는 경우가 많다. 그와 마찬가지로 한탄이나 부정적 요소를 자주 던져주는 사람은 그만큼 다른 사람에게 부정적 인상으로 남는다.

당신이 한탄조로 말하거나 자신의 근심을 이야기해야겠다면 되도록 짧게 끝내라. 한탄조의 말로써 상대방으로부터 약간의 동정심을 얻어내는 것은 좋지만 그 이상 얻어낼 것은 없다. 오히려 당신은 잃는 것이 많다.

 **여기서 잠깐만~!**

사람들이 좋아하는 대화법

* 자기의 실수는 과감히 인정하라.
* 너그럽게 생각하고 생각의 폭을 넓혀 상대를 이해하려 하라.
* 명료한 말을 사용하라.
* 상대가 하는 말을 주의 깊게 들어라.

따뜻한 인사로
주고받는 대화가 숨쉰다

사람들은 만나면 겉치레 인사를 한다.
'그동안 잘 지내셨어요?'
'별일 없으시죠?'
'안녕하세요.'
'오랜만입니다.'
이렇게 누구나 기본적인 인사는 한다.

이런 간단한 인사말은 처음 만난 사람이거나 별로 친하지 않은 사람에게서 나오는 경우가 많다. 어찌 보면 형식적으로 보인다. 그래서 그런지 그런 인사말을 들으면 아무런 감흥이나 감동이 안 생긴다. 상대에 대한 관심이나 호기심도 없다. 그냥 스쳐 지나는 그런 정도의 사람으로 자신과는 아무런 관계도 없음을 증명하는 인사 정도라고 치부된다. 그저 형식적으로 들리기 때문이다.

그렇다면 이런 간단한 인사말에 한마디만 덧붙인다면 어

떻게 될까.

'그동안 잘 지내셨어요?'라고 말하기보다는 "기온이 떨어졌습니다. 이번 감기는 지독하다던데 조심하셔야겠습니다."

'별일 없으시죠.', '안녕하세요.' 대신 "이곳은 차가 자주 막혀요. 늘 교통 체증에 시달리는 곳인데 운전하시느라 아주 고생하셨죠?"

이렇게 인사를 건넨다면 상대방은 틀림없이 좋은 반응을 보일 것이다. 바로 상대방의 마음을 사로잡는 인사말이 되었기 때문이다.

용건만 간단히 말하고 끝나는 사람들에게는 여운이 남지 않는다. 왠지 어딘가 냉랭하다는 느낌이 지워지지 않는다. 인사말에 한마디를 덧붙여두자. 덧붙이는 말이라고 해서 거창할 필요는 없다. 즉흥적으로 보이는 물체, 혹은 그때 그 상황에서 떠오르는 한 마디이긴 한데 상대랑 관련 있는 정도의 말 한 마디면 족하다.

그래서 상대를 걱정해 주는 말은 상대에게 강한 인상을 심어준다. 언제 어디서나 자신이 존귀한 존재로 인정받고 싶음은 당연한 사람의 심리이다.

"당신에 관한 것은 언제나 마음에 담아두고 있습니다. 당신의 이익이 되도록 늘 신경을 쓰겠습니다."

하는 점을 상대에게 인식시키는 것이다. 즉 자기를 나타내는 것이 아니라 상대의 안위나 이익에 대해 늘 염려하고 있다는 인상을 주는 것이다. 상대의 관심사를 알아두었다가 그에 관련된 말을 해주면 더욱 좋다. 대부분 사람들은 누군가 자신의 관심 대상에 대해 말을 해주면 신이 나서 크게 감격한다.

상대방에게 호감을 갖고 어떤 관심사를 가졌는지 끊임없이 살펴주는 배려가 있어야 좋은 한 마디가 나오고 상대방의 마음도 활짝 열린다.

 여기서 잠깐만~!

환영받는 대화법
* 의논하듯 말하라.
* 부탁하는 식으로 말하라.
* 웃음을 띠고 말하라.
* 상대의 장점을 말하라.
* 상대의 실패에 동참하라.
* 상대의 입장에서 서서 말하라.

상대의 편견에 첫인상을 맡기지 마라

 사람들은 누군가를 처음 만났을 때 거의 주의를 기울이지 않는다. 그 사람이 자신과 상관없다고 느꼈을 땐 더욱 그렇다. 어떤 상황에서 누군가를 만나게 될 때 그 사람이 자신과 상관없다면 첫 인사조차 그냥 형식적으로 던지고 만다. 우리가 얼마나 간과하고 있는 인간관계인지 모른다.

 사람들과의 첫 만남을 주의해야 한다. 아무런 정보도 없는 사람을 만났을 때 이미 5초 안에 모든 것이 느낌으로 결정된다. 이때의 첫 느낌은 그 사람의 인상을 결정짓는 요건이다. 사람의 인상은 첫 만남에서 결정되는 수가 많다.

 이런 보편성을 무시해서는 안 된다. 5초 안에 첫 만남의 첫인상이 결정되는 일이 다반사라면 한번쯤 고려해 볼 일이 있다. 그렇지만 이런 보편성은 그냥 받아들여지는 것이기 때문에 이래라저래라 말해서 달라지는 것이 아니다. 어찌 보면 이 보편성이야말로 지극히 편견일 수가 있다.

첫 만남의 첫인상은 정말 5초 안에 상대의 생각 속으로 파고들기 때문이다. 그래서 보편성이라는 지독한 편견에 자신의 첫인상을 맡겨서는 안 된다.

무슨 이야기냐 하면 사람들이 갖고 있는 찰나적인 첫 느낌에 자신의 첫인상을 맡기지 말라는 것이다. 상대가 느끼는 보편적인 편견에 좌우되는 첫인상을 주어서는 안 된다. 그렇다면 답은 하나, 그런 편견에 자신을 맡기지 않게 어떻게 하면 첫인상에 호감을 느끼도록 할 것인가를 놓고 한번쯤 자신을 돌아보도록 해야 한다.

첫인상이 좋은 사람의 말은 긍정적으로 받아들여지고 귀를 기울이게 된다. 반면 어두운 표정으로 얘기를 하는 사람의 말은 어딘지 불신감이 생긴다. 또한 자신감도 없어 보인다. 오락가락하거나, 두리번거리거나 중얼거리며 지나치게 수선스러운 사람과는 오래도록 대화하기 힘들다. 당신이 어느 곳에 있든 반드시 삼가야 할 행동들이다.

희망을 품은 사람은 눈에 띄게 마련이다. 그들의 자세는 곧고 걸음걸이도 당당하다. 어깨를 펴고 호흡을 해보자. 생동감이 넘치고 밝은 기분을 느낄 것이다. 허리를 곧추 세우고 당당하게 말하라. 정신도 맑아지고 기분도 새로워질 것이다.

이제 간단히 다음과 같은 실습을 해보자. 한결 나아졌다는 평을 듣게 된다.

표정을 주의하세요!

표정이 밝고 생생한 사람은 누구에게라도 호감을 준다. 특히 상대방을 바라보는 눈은 중요하다. 눈은 그 사람의 성품을 드러낼 뿐 아니라 그 사람의 현재 상태, 기분, 감정 따위들을 여과 없이 드러낸다. 따라서 누군가를 만나기 전에 항상 눈을 맑게 가꿀 필요가 있다.

인사가 중요해요!

"저 사람은 나와 가까우니 상관없어. 얼마든지 이해할 거야."

이처럼 생각한 나머지 예절을 가볍게 여기는 사람이 있다. 그러나 가까운 사이일수록 사실은 더욱 예절을 갖추어야 한다는 것을 잊지 말아야 한다.

인사는 밝고 정중해야 한다. 어느 좌석 어느 때건 간에 인사를 잘해서 손해를 보는 경우란 없다.

용모를 단정히!

말쑥하고 멋지게 생긴 사람이 어떤 프로젝트를 놓고 간부진들에게 설명을 한다. 사람들은 일단 시작부터 그의 말에 귀를 기울인다. 귀를 기울이는 사람의 표정에는 신뢰가 잔뜩 묻어난다.

반대로 우중충한 인상을 하고 허름하게 옷을 입은 사람의 말은 이상하게 신뢰가 가지 않는다. 사람들은 흔히 상대방의 말을 논리적으로 따지기 이전에 그가 풍기는 이미지에 따라 정보를 사실인 것처럼 받아들이기도 하고 한귀로 흘려버리기도 한다.

이처럼 사람들은 그 사람이 가진 실력 이전에 자신의 눈으로 보는 물체의 이미지에 더 많은 신뢰를 보낸다. 따라서 용모는 전혀 무시할 수 없는 요소이다. 꼭 돌이켜보자.

 여기서 잠깐만~!

사랑받는 화법

* 음성이 생기 있고 낙천적일 것.
* 즐거운 이야기를 많이 할 것.
* 특수한 경우를 제외하고 표정은 밝고 유쾌할 것.
* 건설적인 이야기를 하며 부정적인 이야기는 말하지 말 것.
* 말을 할 때는 정열적이며 진실되게 할 것.
* 추상적이거나 알지 못하는 내용은 말하지 말 것.
* 잘난 체 하지 말 것.
* 널리 알려진 사실이나 유머를 자신만 아는 듯이 말하지 말 것.

상대방의 말문을 트이게 하는 비법

 사람은 누구나 자신에게 제일 관심이 많다. 그건 만고의 진리다. 사람은 누구나 다른 사람의 관심을 받고 싶어 한다. 그것 또한 더할 수 없는 사실이다.

 이런 사람의 습성을 잘 이용한다면 보다 좋은 분위기 속에서 말의 목적을 달성할 수 있다. 대화를 할 때 자신이 아닌 상대방 관심사를 중심으로 화제를 선택하는 거다.

 그렇다고 타인의 어거지 주장이나 일방적인 말을 그대로 들어준다는 것도 고역이다. 하지만 말하는 사람은 그런 기회가 주어졌다는 것만으로도 즐겁다. 그러므로 꾸준히 인내하면서 자신의 차례가 오기를 기다리는 것이 현명하다.

 대화를 하면서 상대방이 쓰는 단어를 유심히 들어보라. 은연중에 그가 어떤 분야에 관심이 있고, 무엇을 좋아하는지 자연스럽게 알게 된다. 그럴 때는 관련된 주제를 슬그머니 꺼내본다. 그리고 적극적으로 다가가면 상대방을 우군으로 끌어들일 수 있다.

"그렇다면 일산 호수 공원에서 세계 꽃박람회를 연다고 하는데 한번 같이 꽃구경 가실래요?"

"그리고 내년 동계 올림픽에서 김연아 선수가 역시 금메달을 따내겠지요?"

상대방의 화제를 긍정적으로 받아들이면 그는 호감을 갖고 당신을 바라보게 된다. 취미 때문에 애서 동호회도 찾아다니는 마당에 마침 생각지도 않던 동지를 만났으니 얼마나 반갑겠는가.

전혀 생소한 인간형을 만나면 당황할 때가 많다. 무슨 말을 끄집어내어 어색한 국면을 벗어나야 할지 난감해질 때가 있다. 그래서 애꿎게 물 잔이나 만지작거리면서 상대방의 입만 쳐다보게 된다.

그럴 때는 당신이 먼저 분위기를 풀어주도록 하라. 어쨌든 따뜻한 미소를 던지며 웃는 표정을 짓는 거다. 상대방의 옷이나 차, 날씨, 뉴스, 스포츠 등의 가벼운 이야기를 꺼냄으로써 상대방도 자연스럽게 대응할 수 있는 분위기를 조성하는 것이다. 그럼으로써 상대방의 말문을 트이게 만들 수 있다. 상대방은 당신의 배려로 말문을 트였으니 당신에 대한 호감도가 높아지는 것이다.

"어휴, 부산과 속초는 날씨가 너무 다르군요. 이렇게 눈이 많이 내리는 고장은 생전 처음입니다. 설국에 온 것만 같아요. 기회가 있다면 아이들에게 보여주고 싶군요."

이런 식으로 첫 실타래를 풀어내면 상대방도 쉽게 입을 열 수 있다.

"그렇지요? 근데 아이들은 몇이나 되나요? 아직 젊어 보이는데."

이렇게 대화가 이어지기 시작하면 분위기도 좋아지고 차츰 목적하는 주제로 다가갈 수 있게 된다. 조심해야 할 것은 정치나 종교, 남에 대한 험담 등의 화제를 피해야 한다는 점이다. 자칫 역린을 건드리는 바람에 아무리 첫인상이 좋았더라도 나쁜 인상을 남길 수 있기 때문이다.

말이란 물과 같다. 어떤 그릇에 담느냐에 따라 모양이 달라진다. 또 같은 사람에게 같은 말을 해도 때와 장소에 따라 말의 효과는 크게 달라진다. 그것은 인간의 심리 상태가 환경에 의해 좌우되는 까닭이다.

비즈니스맨들이 마케팅 회의를 할 때나 상품 설명회 등을 할 때도 이런 점을 반영한다면 좋다.

이것을 'TPO 법칙'이라 한다. 곧 시간Time, 장소Place, 기회Occasion를 감안해서 말하라는 것이다. 여기에 덧붙인다면 연령Age도 중요한 요소가 된다. 최근에는 십 대와 이십 대가 상품 소비의 주체가 되어 있기 때문이다.

이삼십 대는 미래의 전망이나 희망, 기대, 이상으로 생각하는 것들, 사오십 대라면 현실적인 이야기나 소유 주택, 재산, 골프 등에 관심이 있다. 육칠십 대 노년층이라면 과거의 추억과 건강 문제가 주요 관심사이다.

당신이 이런 연령별 관심사를 숙지하고 있으면 언제라도 그들과 눈높이가 맞는 대화를 나눌 수 있다. 연령에 맞는 주제로 상대의 말문을 트이게 만드는 비법이 말 잘하는 기술이다.

 여기서 잠깐만~!

경청의 올바른 자세 1

* 사전 준비를 철저히 한다.
이야기를 듣는다고 해서 아무런 준비가 필요치 않은 것은 아니다. 아는 만큼 물을 수 있는 법이다. 사전에 준비를 철저히 하여 핵심적인 질문을 하여 상대에게 인상적인 이미지를 심어줄 수 있어야 한다.

* 비판적으로 듣는다.
상대방의 말이 모두 옳은 것은 아니다. 때로는 자신의 말에 도취되어 진실과 거짓을 혼동하여 이야기할 수도 있으며 시류(時流)에 어긋나는 말이 될 수도 있다. 무조건적으로 수용하기보다는 상대방의 말을 비판적으로 듣는 능력이 무엇보다 필요하다.

사람은 입이 하나 귀가 둘이다

신이 사람에게 입은 하나를 만들었다. 대신 귀는 양쪽으로 쫑긋. 남의 말을 더 들으라는 철칙을 보여준 것이다. 입으로 숱하게 쏟아내는 수많은 말들이 화가 되어 돌아오는 경우가 많다.

말이 짓는 업業을 구업口業이라 한다. 그만큼 짓는 죄가 많다는 거다. 우리 조선 시대 당쟁의 역사만 살펴봐도 한 치 혀끝에서 나온 말 때문에 소용돌이에 휘말리고 목숨까지 잃은 경우가 얼마나 부지기수였던가. 말이 많으면 반드시 실언을 하기 마련이다. 말이 많은 사람치고 다른 사람의 환영을 받는 일은 드물다. 자기 이야기는 줄이고 상대의 이야기에 보다 많이 귀를 기울이는 사람이 환영을 받는다.

조용한 자세로 상대에게 귀 기울이는 것이야말로 상대에게 관심을 나타내는 최대의 표현이다. 그렇다고 듣기만 할 뿐 아무 말도 하지 않는다면 이는 오해를 살 여지가 있다.

보통 불만이 있는 경우에는 말 수가 적어지므로 상대는 자기에게 불만이 있는 것으로 생각할 수 있다.

그러므로 상대의 말을 귀담아 듣되 간간히 말을 주고받아야 한다. 대화란 오가야 맛이 나는 법이지 일방적으로 한쪽으로 흐르는 것은 흥미가 없다. 중요한 것은 상대보다 말이 많아서는 바람직하지 않다는 것이다.

말이 많으면 자신도 모르게 내가 가진 비밀이 새나갈 수 있다. 또한 상대의 말을 듣지 못해 상대의 귀중한 정보를 얻어내지 못한다. 반대로 열심히 들으면 우선 상대의 호감을 얻어낼 수 있다. 상대의 말에서 얻어낼 수 있는 것을 최대한 얻어내야 한다.

말하기와 듣기에도 비율이 있다. 듣기는 상대를 이해하기 위한 길이요, 말하기는 남에게 나를 이해받기 위한 수단이다. 대화를 세련되게 하는 사람은 듣기를 6 말하기를 4의 비율로 한다고 한다. 그러나 상대를 신나게 하기 위해서는 7대 3의 비율이 더 효과적일 수 있다. 하지만 이러한 것들은 어디까지나 도식적인 구분일 뿐이지 공식처럼 정해진 것은 아니다.

대화는 자연스럽게 이어지는 것이 최상이다. 듣고 말하기가 자연스럽게 어우러진다면 대화는 생동감이 넘치고 즐겁게 된다.

 여기서 잠깐만~!

경청의 올바른 자세 2

* 내가 화자의 말을 듣는 목적이 무엇인지를 생각하면서 듣는다.
* 상대방이 말하고자 하는 핵심을 빨리 파악하는 것이 중요하다.

맞장구로 상대의 의사에 동감을 표시하라

음악에 리듬이 있어야 따라 부른다. 그리고 리듬에 맞춰 흥겨워진다.

말에도 맞장구가 있다. 맞장구란 본래 우리나라의 전통악기인 장고를 두 사람이 마주보고 흥겹게 치는 것이다. 혼자 장구를 치는 것보다 훨씬 흥겹고 듣는 사람들도 몇 갑절 신명이 나게 된다.

이야기 도중 간간히 웃음을 짓거나, 놀라운 표정을 하는 것만으로 상대방 얘기에 대한 호응이 완전하다고는 볼 수 없다. 이야기 도중 적당히 맞장구를 쳐주어야 한다. 맞장구는 타이밍이 중요한데 평소에 맞장구를 치는 연습이 필요하다.

"정말 그렇군요."
"어쩌면 그러실 수가 있는 거지요?"

"그게 사실이란 말입니까?"

"와, 대단하군요."

"그래서 어떻게 되었지요?"

이런 맞장구는 판소리의 장단과도 같다. 말하는 사람으로 하여금 운율을 느끼게 하며 흥을 돋운다. 또한 상대방에 대한 무한한 신뢰감도 생겨나게 만든다.

이런 맞장구로 대화에 나서보자. 상대는 신명나서 당신과 대화를 나누는 일에 기꺼이 동참하며 즐거워하게 된다.

상대와의 대화를 원활하게 이끌기 위해 당신이 필요 이상으로 많은 말을 할 필요는 없다. 시의 적절하게 맞장구를 치는 기술만 있다면 당신은 말을 적게 하면서 상대로 하여금 신이 나서 떠들게 만들 수가 있다. 맞장구를 칠 때 주의할 것은 반복해서 말하지 않는다는 것이다.

'네, 네.'

'그렇군요.'

당신이 이 같은 맞장구를 앵무새처럼 반복한다면,

'저 사람이 정말 나의 말에 공감해서 그런 것일까?'

이렇게 의구심이 생길 수 있다. 여기다가 시선을 다른 곳에 두고 말한다든가, 딴 짓을 하며 말할 때 당신의 말은 더더욱 신뢰감을 상실할 것이다.

여기서 잠깐만~!

경우에 따른 맞장구

* 동의의 맞장구
  '그렇습니다.'
  '정말입니다.'
* 공감의 맞장구
  '오!'
  '그것 참!', '그렇겠군요.'
* 말을 재촉하는 맞장구
  '그래서 어떻게 되었어요.'
  '점점 재미있어지네요. 그래서요?'
* 정리하는 맞장구
  '그러니까 이러저러한 이야기란 말이지요?'
  '아, 그래서 그렇게 되었다는 말씀이지요?'
* 격려나 조력의 맞장구
  '그건 그래.'
  '그렇게 될 거야.'
  '잘될 것 같군.'
* 감탄과 기쁨의 맞장구
  '잘됐다!'
  '놀랐어!'
  '대단하군.'

말 한 마디가 세계를 지배한다

미국의 대통령 가운데 말을 제일 잘하는 사람이라면 서슴없이 루스벨트 대통령을 꼽을 수 있다. 그는 탁월한 화술을 발휘하여 절망에 빠진 미국인들에게 미래를 향한 용기를 주었다. 1920년대 말기에 미국을 강타한 대공황은 미국 경제를 만신창이로 만들어 1천만 명이 넘는 실업자들이 생겨났고 부랑자들이 곳곳을 횡행했다. 이런 암울한 사회 환경 속에서 1932년 대통령 선거에 입후보한 루스벨트는 이렇게 주장했다.

"불행에 빠진 사람들을 원조하는 것은 자선의 문제가 아니라 사회의 책임이다. 그러므로 그들을 구제하는 것은 정부의 중요한 정책이 되어야 한다."

마침내 경쟁자 후버를 제치고 미국 32대 대통령에 당선된 루스벨트는 1933년 3월 4일 대통령 취임사에서 시름에 빠진 국민들을 향해 소리쳤다.

"미국의 힘에 자신감을 가지십시오. 우리가 두려워해야 할 것은 두려움 그 자체입니다!"

이와 같은 루스벨트의 강한 희망의 메시지를 통해 미국인들은 재기의 의지를 가졌지만 불황은 쉽게 끝나지 않았다. 이에 루스벨트는 당시 금기시되던 케인스의 경제 논리를 미국 시장에 과감히 도입, 뉴딜 정책을 통해 노동 시장을 창출하여 실업자를 구제하기로 마음먹었다. 그리고 루스벨트는 이런 정책을 시행하기에 앞서 정부를 믿지 못하고 은행에서 돈을 빼내기에 바빴던 국민들을 설득했다.

"이제는 여러분의 돈을 은행에 보관하는 것이 집안에 두는 것보다 훨씬 안전합니다."

루스벨트의 애끓는 호소와 합리적인 설득에 국민들은 인출하기 위해서가 아니라 예금하기 위해 그날부터 은행 창구 앞에 줄을 섰다. 그럼에도 루스벨트의 정책은 시행 과정에서 숱한 난관에 부딪혔다. 루스벨트는 어찌 되었든 국민들을 위해 정부가 적극적으로 나서고 있다는 모습을 보여주고자 수시로 국민들에게 말했다.

"용감하고 끈질기게 뭔가를 시도하십시오. 중요한 것은 무엇이든 포기하지 않고 끝없이 시도하는 것입니다."

그는 자신이 얼마나 미래를 낙관하고 있는지를 보여주기 위해 항상 파이프를 물고 앉아 항상 여유로운 미소를 지었다. 이런 그를 보고 한 기자가 물었다.

"대통령께서는 걱정스럽다거나 초조할 때 어떻게 마음을 다스

리십니까?"

"휘파람을 붑니다."

"제가 알기에 당신이 휘파람을 분다는 이야긴 처음 듣습니다."

"당연하지요. 나는 여태 휘파람을 불어본 적이 없으니까."

이와 같은 루스벨트의 유머에는 깊은 뜻이 담겨 있었다. 어려운 나라의 현실에 직면하여 지도자로서 어찌 초조하거나 걱정스러운 적이 없겠는가. 하지만 루스벨트는 그런 문제로 인해 휘파람 따윈 불지 않겠다는 자신감을 보여준 것이다.

결국 그는 불황을 극복하고 미국을 세계 최강의 경제 대국으로 거듭나게 했으니, 실로 그가 행한 연설 한 마디 한 마디는 그 자신의 인격과 희망의 전부였고, 마침내 오늘날의 미국을 만든 원동력이 되었다. 루스벨트의 경우에서 볼 수 있듯이 말은 한 나라를 일으켜 세울 만한 위대한 힘을 가지고 있다.

4장
말이 많으면 쓸 말이 적다

> 말을 할 때는 자신이 이미 알고 있는 것만 말하고
> 들을 때는 다른 사람이 알고 있는 것을 배우도록 하라.
> ― 루이스 맨스 ―

강한 인상을 남기는
몸짓이나 말로 얻어내는 마력

평상시의 이런 인사를 습관적으로 주고받는다.
"안녕하십니까?"
"잘하셨습니다."
"감사합니다."
"알겠습니다."

앵무새처럼 들리는 경우라면 실패한 인사이다. 대신 진심이 느껴지는 인사라면 성공한 경우이다. 위의 경우 같은 평상시의 인사라도 어떤 사람이 하면 진심으로 와 닿을 때가 있다. 반면 어떤 사람이 하면 건성으로 하는 말처럼 들려 아니 들은 것만 못하다.

이것은 말하는 사람이 그 말을 어떻게 하느냐에 따라 달려 있다. 아무런 표정 없이 앵무새처럼 입으로만 말한다면 그 말은 이미 생명력을 잃은 것이나 다름없다.

그러나 상대의 눈을 보며 진실로 상대의 안부가 걱정된다는 듯이 말해보라. 진심으로 감사하다는 듯이 생글거린다면 이는 퍼덕거리는 생선처럼 상대에게 생생하게 전달될 것이다. 그럴 때 당신의 표정은 마치 이렇게 말하는 것처럼 보이는 것이 좋다.

"당신이 안녕하시다니 정말 큰 기쁨입니다."

"그 일을 그처럼 처리하셨다니 참으로 현명한 선택을 하신 겁니다."

"하마터면 모르고 지나칠 뻔한 사실을 당신이 지적해 주시니 참으로 감사합니다."

당신의 표정은 그와 같은 많은 의미를 상대에게 전달해줘야 한다.

어떤 사람이 사무실 문을 밀고 들어오면서,

"안녕하세요!"

한 마디를 했는데 사무실 안으로 갑자기 환한 햇볕이 쏟아져 들어오는 것 같은 기분이 들 때가 있다. 또한 잘못을 저지르고,

"죄송합니다!"

라고 했는데 그 순간 그만 모든 것을 용서해주고 싶은 사람이 있다. 이는 그 사람이 단지 말로만 표현한 것이 아니라 언어를 몸 전체로 표현할 줄 알았기 때문이다.

당신은 이처럼 상대를 움직이기 위해 말 이외에 온몸으로 표현하는 언어를 구사할 수 있어야 한다. 누군가에게 자신을 기억하게 하려면 강한 인상을 남기는 몸짓이나 말이 필요하다. 그러기 위해서는 무엇보다도 화제를 잘 선택한 다음, 감정을 자극할 정도의 힘을 발휘해야 한다. 그 가운데 인간애를 테마로 하는 것이 많은 사람들의 관심을 끌 수 있다.

부모 자식 간의 사랑, 남녀나 부부 간의 사랑, 가족애, 우정 등 사람과 사람의 마음을 잇는 내용이 가장 눈물샘을 자극한다. 그 외에도 불타오르는 정의감, 자연에 대한 외경심, 사회에 대한 봉사, 인생 정보 등도 훌륭한 화제가 된다. 하지만 아무리 좋은 화제라도 말하는 사람의 언어 표현 능력이나 감수성이 뒷받침해 주지 않으면 안 된다. 그러므로 다른 사람들의 말에도 감동하고 슬픈 영화를 보고 눈물 흘릴 수 있는 정도가 되어야 한다.

 **여기서 잠깐만~!**

남의 말을 들을 때 이런 자세를 버려라 1

느긋한 자세와 따뜻한 태도로 상대의 말을 경청하는 것이 좋다. 특히 다음과 같은 자세는 유의해야 한다.

* 다리 떨기 : 다리를 떨면 경망스러워 보일 뿐 아니라 상대가 말을 할 때 집중력을 잃는다.
* 산만한 자세 : 몸이 곧지 않고 대각선으로 기운다든지 팔을 탁자 위에 올려놓고 있다든지, 반복적으로 몸을 흔든다든지 하는 자세는 고치도록 해야 한다.

듣기 좋은 말, 듣기 싫은 말

대화란 항상 좋은 분위기에서만 펼쳐지지 않는다.

아주 지독한 방해꾼들을 만나 시간이 원수처럼 느껴질 때도 있다. 부정적인 사고방식을 가진 사람의 시샘 어린 발언이 쏟아져 나올 수도 있다. 게다가 조롱, 비난, 인신 공격을 받게 되면 몹시 난감해진다. 그러면 얼굴이 뻘겋게 달아오르고 심장이 뛴다.

그와 같은 시련을 견뎌내자니 속에서 울컥 치미는 화를 참을 수 없다. 그렇다고 자리를 박차고 나가자니 그 파국의 책임을 고스란히 뒤집어쓸 위험이 있다. 할 수없이 이러지도 저러지도 못하고 자리에 앉아 있으려니 답답할 지경이다.

그런데도 당사자는 이런 상대방의 고통은 아랑곳하지 않고 내내 자신에 대해서만 쉴 새 없이 주절댄다. 듣고 싶지 않은 내용만 골라서 말하며 말을 멈추지 않는다. 또 전혀 알지도 못하는 사람의 이야기를 하거나 지나치게 단조로운 억양으로 말함으로써 하품이 나게 한다.

그런 사람과 마주하고 있으면 자꾸 시계를 들여다보게 되고 몸이 비틀린다. 다리도 답답해지고 손가락은 탁자를 두드리고 있다. 시선이 상대방에게 가지 않고 자꾸 곁으로 향한다. 애꿎은 물만 자꾸 마시다 보니 컵이 자주 빈다.

자, 미칠 지경이다. 들어주자니 인내의 한계가 있고 박차고 나가자니 체신머리 없고, 계속 딴 척에, 주변만 두리번거린다.

만일 당신이 이야기하는데 상대가 이런 상황을 조금이라도 보였다면? 그렇다면 문제는 당신이다. 왜 상대를 이토록 안절부절못하게 만드냐는 말이다. 당신이 상대를 질리게 하는 대화의 요소를 갖추고 있는 거다. 당신과 마주했던 인물이 이런 성향을 나타낸다면 당신은 다음과 같은 행동을 하지 않도록 스스로를 다잡아야겠다. 다음은 상대를 질식하게 만드는 대화의 방해 요소이다.

1. 반대를 위한 반대를 하지 마라

우리 주변에는 논박할 필요가 없는 내용에도 무작정 반대의견을 내세우는 사람들이 있다. 그들의 말 속에는 '하지만'

이란 단어가 자주 등장한다. 물론 대화 도중에 반대 입장을 내세우는 것이 효과적으로 자신의 능력을 드러내는 한 방법일 수도 있다. 그렇지만 반대를 위한 반대를 일삼는다면 그것은 상대방과 자신과의 친밀감을 파괴할 뿐만 아니라, 달갑지 않은 잔소리로 받아들일 수 있는 소지가 충분하다. 또 당신이 상대방을 무식하고 어리석은 인물로 생각하고 있다는 오해를 살 수도 있다.

2. 지나치게 동정을 구하지 마라

상대방에게 동정을 구걸하는 사람에게는 따뜻한 연민의 눈길이 필요하다. 자신의 고통과 불편을 가감 없이 호소한다는 것은 지금의 힘든 상황에서 탈출하고 싶다는 뜻이다. 하지만 지나친 자기 비하와 연민으로 인해 상대방은 원치 않은 감정에 빠져들어야 하고, 그만큼 불편해진다. 그런 사람은 누구라도 다시 만나고 싶지 않을 것이다.

3. 잘난 척하지 마라

사람들이 많이 저지르는 실수가 대화 도중 상대방의 사소한 실언이나 단점을 덮어주는 대신 자신의 우월감을 돋보이려고 하는 점이다. 그들은 자신들의 행동이 상대방을 위해서라고 항변하지만, 기실 그것은 자기만족을 위한 헛된 소리에 불과하다. 진짜로 성공한 사람은 결코 떠들지 않는다. 오히려 상대방을 추켜 세워주고 스스로에게 겸손함으로써 자신의 진면목을 드러낸다. 잘난 척하는 사람은 결코 상대방의 마음을 얻을 수 없다. 내가 왜 우쭐해하는 당신을 대접하고 싶겠는가.

4. 지나치게 판단하지 마라

다른 사람이 말을 할 때 그 내용이나 의도를 신중하게 관찰하는 것은 중요하다. 하지만 그 관찰을 근거로 쉽게 어떤 결론에 도달하는 것은 위험하다. 어떤 말에 대한 판단은 매우 신중해야 한다. 그것이 행동으로 옮겨졌느냐 아니냐에 따라 또 다른 해석이 필요하기 때문이다. 살인을 연구했다고 해서 다 살인범이 아니고 게임을 좋아한다고 해서 다 게이머가 되는 것은 아니기 때문이다. 무엇보다도 상대방 입장을 이해하기 위해서는 판단을 유보하고 경청하라. 쉽게 판단의 덫에 걸리지 마라.

5. 말꼬리를 자르지 마라

당신이 상대방에게 아주 나쁜 인상을 주고 싶다면 그가 말하는 도중에 무작정 끼어들면 된다. 그것은 또 수차례 반복하면 할수록 효과가 기하급수적으로 커진다. 그것은 상대의 발언을 깡그리 무시하고 자신의 주장을 내세우는 일이기 때문이다. 상대방을 진정으로 존중하고 싶다면 그의 말이 끝나고 한 박자 쉰 다음 자신의 말을 하면 된다. 그가 말을 계속하고 싶어 하면 내버려 두어라. 그는 자신의 정보를 몽땅 당신에게 쏟아 붓고 있는 중이니까.

6. 함부로 불평이나 험담을 늘어놓지 마라

타인에 대한 불평이나 험담은 처음에는 재미있겠지만 그 말이 늘어질수록 지겨워진다. 왜냐하면 상대방은 그 대상과 자신을 점점 동일시하게 되기 때문이다. 또 그와 같은 부정적인 시각 때문에 인격적으로도 의심을 받게 된다.

본인이 없는 자리에서 나쁜 말을 하는 사람은 다른 자리에 가면 나를 헐뜯을 가능성이 높다. 피에 굶주린 승냥이는 어느 벌판에 놓아두어도 먹잇감을 찾아내는 법이니까. 그런 위험에 대비하려면 평소 확실치 않은 이야기는 입도 뻥끗하지 않도록 자신을 단속하라. 한순간의 재미 때문에 평생 누군가의 원망을 받게 되는 일은 피하는 것이 좋지 않겠는가.

 **여기서 잠깐만~!**

남의 말을 들을 때 이런 자세를 버려라 2

* 팔짱 끼기 : 일반적으로 팔짱을 끼는 것은 상대방에 대한 자기 방어 혹은 거부의 뜻이 담겨 있다. 두 손은 무릎 위에 두는 것이 좋다.

* 너무 경직된 자세 : 몸을 앞으로 내밀라고 해서 지나치게 가슴을 내민다든지, 등을 꼿꼿이 세우는 자세는 좋지 않다. 공격적으로 보이고 때로는 거만하게 보일 수 있다.

반대를 위한 반대로 오해를 사지 마라

 당신과 다른 의견을 말하거나 틀린 사실을 말하고 있는 상대가 있다. 자 그렇다면 당신은 그 말을 듣고 상대의 의견이 틀리다고 말해주거나, 당신과 다른 의견을 말하고 있대서 반대 의견을 내세울 수 있을까?

 성격이 급한 사람이라면 듣다못해 상대의 말을 저지하거나 반대 의견으로 논박할 수 있겠다. 그러나 남의 말에 반대해서 말을 하기란 매우 어렵다. 반대 의견을 말할 때 상당한 주의를 기울이지 않으면 상대를 분노하게 만든다. 심한 경우는 다음과 같다.

 1. 상대편이 오래도록 생각한 끝에 모처럼 말을 하는 것인데 즉흥적인 생각으로 반대한다.
 "아니죠. 그건 아닙니다."
 상대가 오래 생각해서 말한 내용을 숙고하지도 않고 즉흥적으로 반대를 내세우면 말을 한 사람은 몹시 불쾌하다. 무시당했다고 여겨져 더 이상 자신의 생각을 말하려 들지 않을지도 모른다. 상대의 말문을 막히게 하고 더 이상 대화의 진전이 어려워질 수 있다.

2. 상대방의 주장이나 의견은 아예 듣지 않고 일방적으로 비난하고 공격하듯 반대하는 사람이 있다.

"그건 터무니없는 말입니다."

"도대체 어디서 그런 발상이 나오는 것이죠?"

이때는 말로써 다투는 것이 아닌 감정 싸움으로 번질 여지가 충분하다. 상대의 말을 전면 무시하는 이런 태도로는 토론이나 의견 교환이란 존재할 수도 없다. 이 정도가 되면 멱살을 잡고 싸울 준비를 해야 할지도 모른다.

3. 상대편의 말을 충분히 알려 하지 않고 자기의 주장만을 밀고 나간다.

"글쎄, 그것보다는 이 쪽 편이 훨씬 좋다니까요. 저를 믿고 일단 따라와 보세요."

자기주장만을 내세우는 고집불통 같은 사람과 누가 대화하고 싶을까? 더 이상 말을 섞게 되면 토론이 아닌 논쟁으로 번져 말싸움만 지루하게 해대고 결론도 나지 않는 소모적인 결과만을 낳을 뿐이다. 자기주장에 동조하지 않으면 화를 낼지도 모르는 상대자와 누가 대화할까?

대다수의 사람들은 모처럼 의견을 냈는데 반대를 당했다면 아무리 정중한 반대라도 화가 나게 마련이다. 더구나 듣기 거북한 말이나 자존심을 상하게 하는 말을 들었을 때 가만히 있을 사람이란 없다.

앞서도 말했지만 사람들은 누구나 자기편에서 이야기한다. 그리고 자기를 좋아해주는 사람과 이야기하고 싶어 한다고 했다. 그런데 자존심을 상하게 만드는 사람과 더 이상 대화를 나누고 싶지 않은 게 당연하잖은가.

그렇다면 반대할 때 어떤 마음가짐과 어떤 말로 하는 것이 좋을까?

우선 당신은 상대의 장점과 찬성할 점을 찾아야 한다.

어떠한 의견이든 찬성할 것이 하나도 없는 의견이란 없다. 만약 상대의 말 중에 찬성할 것이 발견된다면 당신은 이렇게 말하는 것이다.

"저는 선생님의 말씀 중……, 이러이러한 부분에 대해서는 전적으로 찬성입니다. 그러나 다른 부분에 있어서는 약간 저와 의견이 다른 것 같습니다."

찬성할 부분은 적극적으로 찬성하되 반대할 부분은 상대가 미처 생각을 하지 못한 것으로 여길 수 있어야 한다.

절대 반대를 위한 반대가 되어서는 안 된다. 또한 틀린 사실을 가지고 말해서도 안 되며, 반대의 확신이 없는 상태에서는 아예 반대의 대열에 나서지 말아야 한다. 그리고 반대 의견을 말하려면 반드시 대안이 마련되어 있어야 한다.

특히 상대의 말에 반대 의견을 표현해야 될 때가 있을 경우, 상대편의 이야기가 끝날 때까지 조용히 들어주어야 한다. 언제 어디서나 조용히 듣는 것은 매우 중요한 사항이다. 상대의 이야기가 끝나지도 않은 상태에서 다시 반발을 하는 것은 좋지 못한 인상을 남긴다.

어디까지나 사려 깊은 눈으로 경청하는 자세를 취하면 결과가 좋지 못하더라도 좋은 인상을 남긴다. 간혹 상대에게서 옳은 말이 나오면 고개를 끄덕여 주자. 일단 상대의 의견에 찬성을 해주는 척하면서 다음에 반격으로 옮기는 것이다.

 여기서 잠깐만~!

좋은 첫 인상 만들기

* 옷차림은 만남의 장소와 시간, 목적에 맞게 입어야 한다.
* 대화를 할 때는 상대방의 눈을 보며 이야기한다.
* 처음 만났을 때와 헤어질 때, 인사는 악수를 청한다.
* 상대의 일과 취미 등에 대하여 질문한다.
* 아는 것도 모르는 척 물어 본다.

정보는 찾아낼수록
대화의 살을 보탠다

 쓸데없는 이야기를 하는 수다의 경우가 아니라면, 우리는 목적에 따라 대화의 상대를 선택한다. 평소 알고 지내던 사람은 언제든 대화의 상대가 될 수 있다. 그리고 친구의 친구, 혹은 업무와 관련된 사람으로부터 소개를 받거나, 목적 분야의 전문가를 직접 찾아가 대면을 청하는 방법도 있다.

 평소 알고 지내는 사람이라면 별다른 문제가 없는 한 대화를 회피하려 들지 않을 것이다. 이미 그는 당신과 어느 정도 인간적인 교감을 나누었기 때문에 대화의 상대가 된다.

 또 친구의 친구, 업무 관련한 사람의 소개로 만나야 할 사람도 대화의 상대가 될 수 있다. 이 경우에는 친구나 업무 관련자가 당신이 목적한 상대방에게 '당신을 보고 싶어하는 사람이 있다'라든가 '내 친구가 당신에게 뭔가를 배우고 싶다'라는 소갯말 정도만 해 주면 된다. 그래서 상황이 주어지면 소개받은 사람과도 목적한 대화를 나눌 수가 있다. 그

때에는 대화의 목적이 존재하기 때문에 별문제가 안 된다.

제일 어려운 경우는 당연히 생소한 사람과 만나야 할 때이다. 그와는 인간적인 교감도 전혀 없고 성격조차 알지 못한다. 더군다나 상대방은 당신의 접근에 경계심을 가지고 있다. 어쩌면 귀찮다는 이유로 만남을 회피할는지도 모른다.

이럴 때에는 주도면밀한 계획이 필요하다. 우선 상대방이 자신의 이미지를 긍정적으로 느낄 수 있도록 배려해야 한다. 그에 대한 정보를 수집하여 색다른 반응이 나와도 당황하지 않아야 한다.

상대방의 주변을 살펴두는 거다. 취미나 친구, 인맥, 기호품 등에 대한 정보를 입수하면 그만큼 화제를 이끌어나가기가 수월하다. 그의 리듬에 맞추어 말의 수위를 조절하는 거다. 상대는 당신을 아주 오랜만에 만난 친구처럼 여길지도 모른다.

정보의 힘은 바로 여기에 있다. 무턱대고 화려한 치사로 상대를 부추기거나 설득하려 들면 마이너스 확률이 높지만, 이미 상대방을 알고 시작한 게임이라면 승리의 확률이 월등할 것은 두말할 필요조차 없다.

우리 주변에는 애쓰지 않아도 수많은 정보들이 몰려들어오는 정보통이 있다. 반면, 학벌이나 인맥 등의 여러 조건이 갖추어져 있음에도 정보에 둔한 사람들이 있다. 왜 그럴까. 그 이유는 간단하다. 그 사람의 품성에 문제가 있기 때문이다. 자존심, 거만, 냉소, 비난 등으로 얼룩진 품성들은 이런 정보를 가로막는 마음의 찌꺼기들이다. 그러므로 정보의 빈곤은 자업자득이 아니겠는가.

 여기서 잠깐만~!

상대의 불평불만을 없애는 방법 1

* 끝까지 상대의 말을 들어주라

불평불만을 모두 토로하게 만들어라. 그런 다음이면 그는 더 이상 할 말이 없어 입을 꼭 다물고 말 것이다. 그의 분노와 불만이 모두 표출되게 만드는 것이다.

* 그의 불만을 이쪽에서 말해준다.

불평불만은 대단한 이유에서 비롯된 것 같으나 사실 곰곰이 짚어보면 상대에 대한 무시, 냉대, 혹은 소외감, 따위들일 경우가 많다. 당신은 그런 상대를 어린 아이들의 칭얼거림으로 여기거나 바보취급해서는 안 된다. 그의 불평불만 원인이 파악되었다면 당신 쪽에서 먼저 말해주어라.
자신의 불평불만을 남의 입을 통해 듣고 있다면 그는 상대가 적군이 아니라 우군이란 느낌이 들어 불평불만을 금방 철회해 버릴 것이다.

목소리로 담아내는
대화의 주인공이 돼라

 손에는 지문이 있듯이 목소리에도 성문이 있다.

 목소리는 지문처럼 한번 물려받으면 쉬이 고칠 수 없다고 말을 한다. 물론 쉽사리 고칠 수는 없다. 하지만 그 사람 고유의 톤인 목소리는 변하지 않더라도 얼마든지 목소리를 계발할 수 있다. 아나운서나 성우의 예를 들어보자. 그들은 부단한 노력에 의해서 매스미디어를 통해 울려나오는 목소리를 계발한 것이다. 그들의 실생활 목소리와 마이크 앞에 선 목소리와는 사뭇 다른 경우가 많다. 그들의 목소리는 일종의 연습의 산물이다.

 목소리는 변할 수 없지만, 목소리의 음색은 얼마든지 변화시킬 수 있다. 말의 속도에 따라 음색이 달라진다. 말의 속도가 갖는 중요성을 인식해야 한다.

 말의 속도가 빠르면 긴급하거나 극적인 효과를 더해줄 수 있다. 말하는 사람이 무언가 열망을 가지고 있음을 느끼게 한다. 하지만 너무 빠르면 듣는 사람이 조급해지고 산만해진다. 그리고 성질이 몹시 급하다는 느낌을 들게 한다. 느린 말은 신중함과 무게가 느껴진다. 그러나 너무 느리면 자신감이 없어 보이고 듣는 사람을 지루하게 만든다.

그러므로 목소리로 음색의 변화를 줄 때에는 말의 속도를 염두에 두고 해야 한다. 말의 속도가 아무리 빠르다고 해도 경박스럽고 시끄러우면 신뢰감이 떨어진다.

빠르게 말할 때라도 목소리는 언제나 밝고 생기가 돌고 명랑해야 한다. 그렇다고 너무 튀는 목소리이거나 들뜬 목소리는 좋지 않다. 빠르다고 해서 톤이 높다고 해서 반드시 명랑한 소리라고 볼 수만은 없다. 반대로 당신의 목소리가 어둡다면 이는 고쳐야 한다. 어두운 목소리는 부정적으로 들리며 음험하고 신뢰가 가지 않는다.

어두운 음색은 상대에게 위압감을 준다. 또 상대에게 의혹을 준다. 이는 당신의 말을 신뢰하지 못하도록 만듦으로써 대화의 목적을 상실하게 만든다.

신음소리도 좋지 않다. 가벼운 신음소리라도 한탄하는 것처럼 들릴 수 있다. 이는 상대의 기분마저 잡치게 만들 것이다. 징징 대는 목소리도 귀를 막고 듣고 싶지 않다. 활짝 개인 듯 청명한 목소리로 상대의 귀를 열어야 한다.

자기 목소리를 완전히 개조시킬 수 없다면 다음과 같은

방법으로 어두운 목소리를 밝게 만들 수가 있다.

가슴을 활짝 편다. 반가운 상대를 만났다고 생각한다. 그리고 지금부터 펼쳐질 대화가 몹시 재미있을 거라고 기대한다. 바로 명랑한 마음가짐이 명랑한 목소리를 낼 수 있는 비결인 것이다.

목소리로 상대의 마음을 끌어들여 대화를 담아내는 연습으로 자기의 색다른 음색을 개조할 필요도 있다. 그만큼 목소리는 대화를 이기는 중요한 관건이다.

 여기서 잠깐만~!

상대의 불평불만을 없애는 방법 2

* 불평불만의 과녁을 치워버려라.
상대의 불만에 맞서지 말고 순순히 인정함으로써 과녁을 치워버려라. 그러면 상대는 불평 불만의 소재거리가 없어져서 더 이상 불평을 안 한다.

* 상대방의 체면을 세워 주어라.
불평불만을 과소평가해서는 안 된다. 진지하게 받아들여야 한다.
당신의 체면이 아니라 상대의 체면을 살려주어야 한다.

장점은 큰 소리로, 단점은 작은 소리로

유명한 플레이보이에게 여자의 마음을 사로잡는 비결이 과연 무엇인지를 물었다. 그랬더니 이처럼 말했다.

"별거 없습니다. 힘들 것도 없고요. 그 여자가 하는 이야기에 관심을 가져주는 것입니다. 그 여자가 무슨 말을 하건 열심히 들어주고 간간히 그 여자에 대해 칭찬을 하면 됩니다."

플레이보이는 다른 건 몰라도 여자의 모든 것을 들어주고 아낌없는 칭찬으로 여심을 사로잡는다는 것을 알고 있다. 결국 여자들은 이런 플레이보이에게 자연스런 반응을 보이는데, 이때 칭찬이 큰 힘을 발휘한 것이다. 플레이보이는 상대 여자에게 잘난 척을 하지 않고 오로지 자기의 관심이 여자로 향한 것처럼 보이게 하는 능력을 지녔다고 본다. 그것이 그리 힘들 필요도 없지 않은가. 플레이보이는 돈도 안 드는 칭찬에는 인색하지 않았다. 그래서 여자의 마음을 사로

잡은 것이다. 역시 칭찬만큼 사람의 기분을 들뜨게 하는 일은 없다.

누구를 만나서 사귐을 갖든 그 사람이 지닌 장점을 높이 사서 칭찬을 던지는 거다. 아낌없이 칭찬하라. 그렇다고 입에 발린 칭찬, 사실이 아닌 근거 없는 칭찬으로 상대의 기분까지 상하게 할 필요는 없다. 그런 칭찬을 받는 상대는 기분 좋을 리 없으니, 되도록 삼가 해야 하고 칭찬할 거리가 생겨나면 아낌없이 칭찬하라는 것이다.

누구를 만나든 그 만남이 첫 만남이든 여러 번의 만남이든 우선 마음속으로 상대를 향해 이런 결심을 해보라.

'저 사람이 나에게 호감을 가질 수 있도록 만들어 보자. 그러려면 그를 칭찬해야 하는데 어떤 칭찬을 그에게 던져줄까? 그에게 어떤 칭찬거리가 있을까?'

앞서도 얘기했지만 모든 사람들은 누구나 주위 사람들로부터 인정받기를 원한다. 또한 자기가 중요한 존재라는 사실을 느끼고 싶어 한다. 이 점을 대화에 인용하는 거다. 그래서 대화를 할 때는 자신의 이야기보다 상대의 이야기에 중점을 두는 것이다. 그중에서도 상대의 마음을 얻을 수 있는 최선의 방법은 상대를 인정하고 칭찬해 주는 일이다.

사람들은 남의 단점을 쉽게 말한다. 그러면서 남의 단점을 입에 올리기 좋아한다. 남의 단점을 이야기할 때면 입에 거품을 물 때도 있다. 그러나 장점을 말하기는 싫어한다. 그만큼 상대를 인정하지 않겠다는 표시인 것이다. 남의 장점을 말할 때는 큰 소리로 칭찬하듯 말해주고 남의 단점을 말할 때는 아주 작은 소리로 상대의 기분을 상하지 않게 말하는 유연함을 익히도록 해야 한다.

장점을 말하는 것이 자신에게 여러 모로 유리한 줄 알면서도 실제 생활에서는 잘 이루어지지 않는다. 그렇다면 그것이 영원한 인간의 본성일까? 그렇지는 않다. 장점보다 단점을 말하는 버릇은 훈련에 의해서 얼마든지 극복할 수 있다.

음지보다는 양지를 보란 말이 있다. 아침에 눈을 뜨면 음지만 보고 다니는 사람이 있다. 그런 사람의 표정은 얼음처럼 차갑고 어둡다.

"책상을 깨끗이 정리해 두어라."
"물을 마셨으면 컵을 닦아 놔야지."
"김치가 왜 이리 싱겁지?"

이렇게 단점만을 찾아 헤매는 사람들은 길거리에 나서도 별반 다를 것이 없다.

"저 차는 신호를 무시하고 달리는군. 우리나라의 질서 의식은 아직도 멀었다니까?"
"이 차를 보게. 길모퉁이에 주차를 하면 다른 차들은 어떻게 빠져나가라는 거야. 자기밖에 모르는 인간들이야."

그런 사람은 직장에 와서도 부하 직원들에게는 피곤한 상사가 된다.

"이면지 하나라도 아낄 일이지."

"자넨 앉은 태도가 왜 그래. 그렇게 삐딱하게 앉아서 업무나 제대로 보겠어?"

그런 사람은 업무에는 꼼꼼한 스타일일지는 몰라도 결코 환영받을 인물은 되지 못한다. 그래서 음지보다는 양지를 보라는 것이다.

상대의 단점을 꼬집어 주는 것은 좋은 조언일지 몰라도 자주 반복되면 잔소리에 불과해진다. 상대의 장점을 도무지 찾을 수 없다고 말하는 사람이 있다. 그런 사람은 다음의 에머슨 말을 기억해 놓아야 한다.

"어떤 사람이라 할지라도 어떤 면에서는 나 자신보다 뛰어난 면이 있기 마련이다."

 **여기서 잠깐만~!**

설교하지 마라

말하기와 듣기의 주고받음이 잘 이루어지려면 대화 당사자 간의 수평적인 관계가 잘 이루어져야 한다. 대화를 잘하는 사람은 상대방과 같은 높이에서 이야기를 주고받을 줄 안다. 상사나 나이 든 사람이 부하 직원이나 젊은 사람들로부터 따돌림을 당하는 것은 언제나 높은 위치에 서려고 하기 때문이다. 항상 높은 곳에 서서 설교조의 대화를 하려고 드는 것은 다른 사람이 자신의 곁으로 다가오지 못하게 만드는 고약한 짓이다.

설교는 과거의 가치관을 강요하는 것이다. 좋은 가치관이라고 해봐야 자신도 이루려고 노력했으나 결코 이루지 못했던 가치관이기 십상이다. 자신이 이루지 못했던 가치관을 아래 사람들에게 강요하는 것은 어떠한 이유로도 온당치 못하다.

언제나 중요한 이야기는 나중에

성미가 급한 사람이나, 말하기를 좋아하는 사람들은 남의 이야기를 듣기도 전에 결론을 묻는 경우가 있다.

"그래서 어쩌자는 겁니까? 이렇게 하자는 겁니까? 저렇게 하자는 겁니까?"

대단히 바쁘지 않다면 이렇게 결론을 요구하는 말은 하지 않아야 한다. 한 사람의 말은 아무리 길어봤자 1~2분이면 족하다. 다른 중요한 일이 1~2분 사이에 진행되어야 한다면 모르겠거니와 그렇지 않다면 상대의 결론까지 들어주는 것이 원칙이다. 이야기에는 순서가 있다.

처음에는 분위기를 다잡아 놓고 중간에는 이야기 목적을 말하고 마지막에는 그간의 얘기를 정리하고 다 함께 어떻게 행동에 나서야 할 것인지 결론이 내려진다. 따라서 어떤 사람의 이야기이든지 마지막까지 듣지 않고는 다 들었다고 할 수 없다. 게다가 "아 그러니까 이러한 말씀이로군요." 하고 상대의 말을 요약해 준다면 상대는 더없이 고마워한다. 불과 1~2분 사이에 우리는 적을 만들기도 하고 우군을 만들기도 한다.

남의 말을 들어줄 때 가장 어려운 것 중에 '나도 말하고 싶다.'는 유혹을 이겨내는 것이다. 더구나 들어야 할 말이 지루하고 관심 없는 이야기라면 그런 유혹은 더 강해진다. 사람들은 듣기보다 말하고 싶어서 안달하는 경우가 더 많은데, 이런 경우엔 상대의 말을 중간에 끊어버리고 이야기에 끼어들고 싶어진다. 그런데 '그건 말이죠.'라고 끼어들려는 순간 당신은 브레이크를 밟아 스스로를 멈출 수 있어야 한다. 상대가 이야기하는 것을 기다리지 못하고 중간에 끼어드는 것은 자기 이야기가 더 재미있고 훌륭하다고 생각하기 때문이다. 그러나 상대방도 자신의 이야기가 더 재미있다고 생각한다는 점을 잊지 말아야 한다.

 여기서 잠깐만~!

비즈니스 상황에서 이름을 기억한다는 것

비즈니스 상황에서 상대방 이름을 기억해 주는 것은 손쉽게 마음을 움직이는 최고 방법이다. 한두 번밖에 간 적 없는 음식점이나 옷가게에서 자신을 알아보거나 고객 카드의 이름을 기억해 준다면 손님 입장에서는 매우 기분이 좋다. 어느 상황에서든 이름을 기억해 주는 것은 긍정적 효과가 크다.

말을 낭비하면 실패하기 쉽다

대화할 때 듣는 이의 입장을 먼저 생각해보자. 상대가 말을 많이 하고 있으면 듣는 이의 입장에서는 그만큼 자신에 대해 관심과 흥미가 많다는 것으로 여기고 진득하게 들어주는 것도 방법이다. 자신에게 호감이 없었다면 상대는 아마도 일찌감치 자리를 털고 일어나 시야에서 사라졌을 것이다.

이제 거꾸로 말하는 사람의 입장도 생각해보자.

이야기 화제가 들어주는 사람과 관련한 내용이 아니라면 길게 말해서 좋을 게 없다. 듣는 이를 지루하게 만들 내용으로 이야기 주도권을 계속 행사하려 들면 상대는 앉아 있기 곤혹스러울 것이다. 말하는 사람은 듣는 이와 공감할 수 있고 교감을 주고받는 내용으로 이야기를 풀어내야 한다.

그런데 말이 많으면 반드시 실언이 따른다. 한번 한 실언은 원상 복구가 되지 않는다는 단점이 있다. 오늘 한 사람을 실망시키는 말을 했다면 간곡한 사과로 무마될 수는 있다. 그러나 그 사람의 마음속에 남겨진 상처의 흔적은 영원히 지워지지 않고 남아있을 것이다.

만약 우리가 대인관계를 돈으로 환산할 수 있는 것이라면 말을 줄임으로써 막대한 대인관계의 실패를 줄일 수 있다.

실언으로 따를 손해를 떠올린다면 말을 적게 하라. 말을 전혀 안 하고 살 수는 없다. 말을 하지 말라는 것은 입 다물고 살라는 게 아니다. 실언을 줄여 가급적 말을 적게 하는 것이 자신에게 유리하다는 걸 알라는 것이다. 이 사회에 돈이 많아지면 돈의 가치가 떨어지듯이 말이 많으면 말의 가치가 떨어질 수밖에 없다.

말을 줄이는 방법 중의 하나는 자신의 머릿속에 여과지를 설치하는 것이다. 그래서 금방 입 밖으로 튀어나갈 말을 머릿속에서 한 번 걸러 입으로 전달하게끔 반복적인 훈련을 하는 것이다. 하고 싶은 말이 튀어나오기 전, 목구멍으로 침을 꼴깍 삼켜보는 거다.

특히 상대에 대한 불만이나 불평을 말할 때는 그전에 목구멍으로 침을 두세 번 꼴깍꼴깍 삼키며 그 사이에 하지 말아야 할 말을 가슴속으로 접어두는 거다. 이런 방법은 훈련을 해두는 것도 좋다. 말하기 전에 침을 한번 삼키며 돌이켜 보는 연습이야말로 실언을 줄이고 상대의 가슴에 비수가 꽂

히는 말을 방지하는 효과를 얻을 것이다.

너무 말이 없어 과묵한 사람으로 치부되는 것도 문제지만, 당신의 말 한 마디 한 마디에 진실이 담겨 있고 무게가 있다면 누구나 당신의 말을 즐겁게 경청하려 들 것이다.

처음에는 이와 같은 훈련 때문에 말이 지나치게 무겁고 부자연스러울 수 있지만 반복적인 훈련의 결과에 따라 점점 자연스러운 말이 될 것이다.

 여기서 잠깐만~!

기분 좋게 거절하는 리액션

― 마음 상하지 않게 친절한 말로 거절한다.
― 거절을 하더라도 웃으면서 거절하자.
― 바로 그 자리에서 거절하는 것보다 시간을 둔다.
― 쓸데없는 변명이나 속 보이는 거짓말은 삼간다.
― 거절하는 이유를 확실히 알려준다.
― 많은 사람들 앞에서 거절하는 모습을 보이지 않는다.
― 거절한 이유를 메일이나 서신을 통해 설명한다.
― 거절 이유를 명확히 설명하고 다른 것을 도울 수 있는지 묻는다.
― 거절한 뒤 다른 사람들에게 소문을 내지 않는다.
― 부탁을 들어줄 명확한 조건을 제시해본다. 조건을 맞추면 들어준다.

반박할 일이 있으면 먼저 추켜세워라

상대의 체면을 세워주고 인정해 줄 때 세상에 오해는 사라질 것이다. 사람 사는 세상에서 이런 일은 불가능한 것도 아닌데, 오로지 상대의 단점을 들춰내고 잘못을 하나하나 지적하며 불쾌하게 만드는 경우가 대다수다. 상대의 불평을 누그러뜨려줌으로써 서로가 기분 좋은 결과를 만들어 내는 것이다. 그 역할을 담당하는 것이 대개 대화요, 화술인 셈이다.

말 한 마디로 상대의 불만을 줄여주고 상대의 기분을 살려주며 상대의 존재를 부각시켜 줄 수 있다. 그만큼 화술은 우리 사는 세상의 밝기를 조절하는 큰 역할을 한다.

살다 보면 누군가에게 부탁할 일이 많다. 어떤 부탁을 할 때도 상대의 입장에서 그의 기분을 상하지 않게 말을 꺼낼 것인가를 미리 상상해야 한다. 말 한 마디로 진짜 들어주고 싶은 부탁이 될 수 있고 귀찮은 청탁이 될 수도 있는 것이다.

특히 비즈니스를 할 때 쌍방의 논의가 접점을 찾지 못해 좀처럼 앞으로 나아가지 않는 경우가 많다. 그때 자신의 견해를 밀고 나가기 전에 상대방의 입을 한동안 열어둔다. 상대방의 의견을 다 듣지도 않은 상태에서 반론을 펼치다가 충돌이 빚어지기도 한다. 그러므로 만일 상대방의 의견이 모호하거나 허둥대는 듯한 느낌을 준다면, 이렇게 상대방을 배려해주는 것이 좋다.

"제가 아직 이해를 다 못 한 것 같습니다. 조금만 더 설명해 주실 수 있으십니까."

상대의 이야기가 모호해도 반박하지 말고 이렇게 말해주는 것이 상대편 입장을 생각하는 일이다. 그렇게 해서 상대의 내심을 완전히 파악한 다음, 자신의 의견을 명확하게 개진하면 된다. 물론, 이런 역지사지의 기법에 맞지 않는 상황도 있다. 그것은 대화의 당사자들이 대응 관계, 혹은 상하 관계에 있을 때에 종종 벌어지곤 한다. 또한 상대의 말에 부정을 하려면 긍정을 한 후에 부정을 하라. 반박할 내용이 있다면 우선 상대를 먼저 추켜세운 다음에 그 내용을 말하는 것이 세련된 화법이다.

"에이, 그건 아닌데요."

"저는 반대 의견입니다."

상대로부터 단단히 미운 사람이 되고 싶다면 이렇게 말을 던져도 된다. 상대와 적대 감정을 오래 가지고 싶다면 이렇게 말해도 좋을 것이다. 그러나 상대의 의견을 완곡히 반대하면서 자기의 뜻을 관철시키고 싶다면, 반대의 의견을 말하면서도 상대를 내 편에 묶어두고 싶다면, 당신은 이렇게 말할 수 있어야 한다.

"네, 그건 동의합니다만…… 그러나!"

"당신의 의견에도 일리가 있습니다만…… 그러나!"

"그대의 말도 무리가 아니지만…… 그러나!"

이처럼 상대의 입장을 충분히 이해해주면서 동시에 상대의 말을 반박하고 자신의 의지를 관철시키는 것이다. 자, 반박하고 싶더라도 상대를 먼저 추켜세우고 기분을 누그러뜨린 후에 그다음을 이어가면 된다.

> **👍 단 한 번에 익히는 대화 기술**
>
> ### 극단적인 표현을 자주 사용하는 사람
>
> '절대로', '정말', '확실히' 등 이런 표현을 자주 사용하는 사람은 자기중심적이고 주관적인 사고방식을 가졌다고 본다. 자신의 과오나 실수에 대한 비난을 면하기 위해 '그 일에 대한 해결책은 그것뿐이었다', '그것은 확실하다'와 같이 말함으로써 자신의 결정이 옳았음을 강조하여 자기합리화하려는 경향이 짙다. 또한 이런 사람은 자기애가 강한 성격이라고 볼 수 있다. 그것은 이기적이라는 뜻이며, 타인에 대한 배려나 역지사지를 기대하기 어려운 사람이라는 뜻이다.

어려운 대화로 상대를
기죽게 하면 안 된다

재치 있는 입담을 던져 사석을 웃음바다로 만드는 사람이 있다. 곧잘 유머러스한 말로 분위기를 휘어잡고 사람들을 즐겁게 하는 사람 말이다. 이런 사람도 간혹 회의석상이나 프레젠테이션에 나서서 말을 할 때는 어려운 영어나 한자를 쓰는 등 현학적인 수사를 동원해서 듣는 사람을 어리둥절하게 하는 경우가 있다. 이런 태도를 왜 보이는 걸까. 아마도 자신이 아는 것이 많다는 걸 증명해 보이고 싶은 의도이다. 그렇지만 청중들도 알아듣기 힘든 내용을 들으려 자리 지켜 앉아 있기 어렵다는 것을 미리 안다면 굳이 이런 태도를 보였을까. 어려운 내용의 현학적인 어투로 말을 하여 상대를 기죽게 할 필요는 없다.

인쇄 매체나 영상으로 기록된 것은 언제나 다시 꺼내 볼 수 있지만 말은 순식간에 사라져버린다. 그렇기 때문에 즉석에서 상대방의 뇌리에 각인시킬 쉽고 명확한 말을 해야 한다. 쉽고 간단한 말로써 상대방을 각인시킬 일이 있을 때는 연습을 해둬야 한다. 무턱대고 길어지는 수사를 써서 전달하고자 할 목적을 흐트리지 말고 간단 명료하게 전달하는 법도 익혀야 한다. 상대가 말을 알아듣기 쉽게 하는 방법에는 두 가지가 있다.

첫 번째, 주제어와 서술어를 떨어뜨리지 않는 것이다.
'꽃이 피었다.'라고 말하면 될 것을 '꽃을 보십시오. 어제부터 비가 오더니 봉오리가 살짝 열리기 시작했네요.'라고 표현한다면 '저 사람이 시를 쓰는 거야 뭐야.'라는 비웃음을 살지도 모른다. 주어와 서술어가 멀어지면 듣는 이는 앞 문장과 뒤 문장을 연결시키지 못하고 따로따로 이해하게 될지도 모른다.

두 번째, 전하고자 하는 요점의 수를 정리하는 방법이다.
하나의 주제어를 설명하기 위해 장황하게 말을 하다 보면 자신도 의도한 말의 목적을 잊어버릴 수도 있다. 상대도 그 말이 언제 끝날지 몰라 지루해할지도 모른다. 그러므로 '이 말은 다음 세 가지로 정리해 드리겠습니다. 첫 번째는…….' 이런 방법으로 하나하나 요점을 적시해서 말하면 상대방도 확실히 기억하고 메모하기도 쉽다.

말은 늘 간결하고 정확하게 하라. 친절한 사람일수록 말이 길어지는 경향이 있는데, 그 말을 듣는 사람은 처음에는 이해할 듯하다가 시간이 지날수록 점점 지겨워진다. 적은 단어로 많은 것을 표현하는 습관을 들이도록 하라.

특히 이야기 초반에 자신이 하고 싶은 내용을 간략하게 말하고 쓸데없는 수식어를 쓰지 마라. 억측이나 비교, 중복되는 말 등을 빼고 나면 말이 깔끔해진다. 간결한 말이란 정확하게 핵심을 찌르는 말이다. 물론 이렇게 말을 하려면 사전 준비가 철저해야 함은 물론이다.

 여기서 잠깐만~!

매일 아침 거울을 보면서 웃는 연습을 하라

거울을 보며 '위스키'나 '와이키키'와 같은 발음을 하며 웃는 표정을 연습한다. 처음에는 얼굴이 경직되어 부자연스럽지만 하루에 적어도 30번씩 꾸준히 연습한다. 익숙해지면 입을 크게 벌리고 소리 내어 웃는 연습도 필요하다. 웃어야 사는 것이 기쁘고 즐겁다.

대화의 질은 삶의 질을 높인다

말은 삶의 기본적인 요소이다. 그것은 문자와 함께 오래전부터 온갖 정보를 가져다주었다. 하지만 현대에는 정보를 전달해주는 수많은 도구들이 존재하고 있다. 텔레비전을 비롯하여 스마트폰, 팩시밀리, 컴퓨터 등은 이미 우리 생활 속에서 중요한 위치를 차지하고 있고, 앞으로 우리가 상상조차 할 수 없는 커뮤니케이션 장비들이 출현할 것은 분명하다. 그렇다면 말은 이런 미디어의 홍수 속에 퇴물이 되고 마는 것일까.

그런 상상은 기실 부질없다. 사회가 복잡해지고 각종 도구들이 발달할수록 인간과 인간들 사이의 소통은 더욱 절실해질 것이다. 인간이 존재하는 한 대화는 계속될 것이라는 뜻이다. 과학 기술의 발달과 미디어의 확산은 그런 인간들의 소통을 더욱 다양하고 풍요롭게 해줄 것이다.

역사를 돌이켜 보면 엄청난 속도의 변화 속에서도 성공의 모습은 항상 기본적 형태를 잃지 않았다. 컴퓨터 모니터를 보고 화상 통신을 하든 휴대폰으로 문자판을 두드리든, 커피 잔을 사이에 두고 의견을 교환하든 간에 대화는 항상 인간관계 속에서 이루어지기 때문이다. 그러므로 우리들은 대화의 질을 높이기 위해 노력하지 않으면 안 된다.

우리는 말을 통해 타인들과 연결되고 그로부터 온갖 희로애락을 나눈다. 그러므로 대화의 자리는 당신에게 있어 매우 소중한 순간임을 알아야 한다. 훌륭한 대화는 상호간의 열린 마음, 진실과 열의, 경청하는 자세 등이 조화롭게 어우러져야만 가능하다. 그 장소가 느티나무 아래이든 모니터 앞이든 마찬가지다. 결국은 사람들의 일인 것이다.

그러므로 대화 이전에 상대방에 대한 정보를 분석하고, 센스 있고 명료한 표현을 할 수 있도록 스스로를 단련시켜야 한다. 여기에는 다음과 같은 두 가지 믿음이 필요하다.

첫째, 내가 스스로 생각할 때 말을 잘 못하는 것 같으면 말을 더 잘할 수 있다.

둘째, 내가 스스로 생각할 때 말을 잘하는 것 같으면 그보다 훨씬 더 말을 잘 할 수 있다.

5장

**길은 갈 탓이고
말은 할 탓이라**

> 개가 짖는다고 해서 용하다고 볼 수 없고 사람이 지껄일 수 있다고 해서 영리하다고 볼 수 없다.
> ― 장자 ―

그대의 이름을 먼저 불러준다면

 사람은 누구나 자신만의 빛과 향기를 가졌다. 그 향기와 빛에 걸맞은 이름을 다른 사람이 먼저 불러준다면 특별한 느낌을 받을 것이다. 다른 사람에게 자신의 빛과 향기에 걸맞는 이름으로 불리고 싶은 욕망과 심리를 마케팅 전략에서 활용한 사례가 있다.

 어느 호텔 등급 심사에서 한 소형 호텔이 대형 호텔들을 물리치고 특1급 호텔로 승격한 적이 있었다. 이 호텔은 시설 면으로만 볼 때는 특1급 호텔로서 다소 부족한 점이 있었다. 그런데 어떻게 이 호텔이 많은 호텔과의 경쟁에서 특1급의 호텔로 승격할 수 있었을까. 바로 이 호텔에서 행한 스페셜한 서비스 때문이었다.
 스페셜 서비스란 호텔 직원들이 손님들의 이름을 외워 불러줌으로써 방문객에 대한 특별한 배려를 선보인 것이다.

직원이 손님을 그냥 손님으로만 대하는 것보다 그 손님을 특별한 고객으로 배려한다는 인상을 심어주기 위한 전략이었다.

직원들에게 호텔을 찾아오는 손님들의 이름을 기억해내며 인사를 건네는 고객 관리 훈련을 교육시켰다. 고객에게 '정 회장님, 오셨습니까?' 라고 인사를 건네면 인사를 받은 상대는 자신의 이름과 직책을 기억해주는 것을 기뻐하며 예외 없이 단골 고객이 되었다는 것이다. 고객의 이름을 친절하게 불러주는 직원들의 서비스가 고객들의 마음을 감동시켜 이 호텔이 특1급으로 승격할 수 있었다.

이 세상에서 '나'를 나타낼 수 있는 가장 작은 한 마디의 말은 이름이다. 따라서 사람은 누군가가 자신의 이름을 불러주는 것을 의미있게 여기고 그 이름을 기억해 주는 것에 매우 민감한 반응을 보인다. 사람과 사람이 친밀감을 나누기 위해서는 가장 먼저 상대의 이름을 기억하고 부르는 것도 그 때문이다.

대부분의 사람들은 다른 사람의 이름을 쉽게 잊어버리거나 기억하지 못한다. 잘 알고 지내는 사람이나 꼭 필요한 사람일 경우에는 이름을 기억하고 있지만 그렇지 않은 경우, 구태여 남의 이름을 기억할 필요성을 느끼지 못하기 때문이다.

  특히 여성들의 경우 결혼하고 나면 자신의 이름보다 누구누구 와이프, 누구 엄마로 불리는 대명사의 이름을 건네받는다. '나'라는 사람을 가장 잘 설명할 수 있는 이름을 불러주는 것도 상대에 대한 예의가 된다. 그 사람을 존중한다는 의미를 넘어서 관심의 표명이다. 누구든 자신의 이름이 다른 사람들에게 불리울 때 존재 이유를 느낀다. 상대에게 특별한 의미를 주는 이름을 불러주고, 더 나아가서는 상대의 특별한 날까지도 기억해 줄 수 있는 정성을 보인다면 누구라도 마음을 열지 않을 수 없다.

  실제로 미 합중국 우정장관직을 지낸 짐 알파리는 5만 명의 사람의 이름을 기억하고 있다고 이야기했다. 그는 사람의 이름과 그들의 특별한 기념일 등을 외워서 이를 자신의 성공 바탕으로 삼았다고 한다.

  사람과 처음 만나는 자리에서는 반드시 이름, 가족관계 그리고 정치적인 견해 등을 물어보고 이를 기억해 두었다가 다음 번 그 사람을 만날 때 자연스럽게 이야기할 수 있도록 노력하는 전략을 쓴다면 누구든 여지없이 성공을 거둘 수 있다.

우리가 알고 있는 강철 왕 앤드류 카네기는 어려서부터 남다른 통솔력을 가졌다고 한다. 그에게는 사람의 심리를 다룰 줄 아는 리더의 능력이 어려서부터 탁월했다.

카네기가 열 살 때, 토끼 한 마리를 구했다. 그런데 그 토끼가 새끼를 낳게 되자 먹이가 부족해졌다. 그래서 그는 묘안을 생각해 냈는데, 바로 동네 아이들에게 토끼 밥이 될 수 있는 풀을 뜯어 오도록 하여 토끼풀을 가장 많이 뜯어오는 아이에게 그의 이름을 토끼에게 붙여주겠다는 약속을 했다.

그의 계획대로 아이들은 저마다 쉴 새 없이 먹이를 준비해 토끼를 보살폈다는 것이다. 그 후 카네기는 더 이상 토끼 밥이나, 토끼 사육에 관한 걱정을 하지 않아도 되었다. 이런 부분은 카네기가 훗날 엄청난 거부가 될 수 있는 밑바탕이 되었다.

그는 자신이 거느린 수많은 기술자들과 공장 노동자들의 이름을 기억하기 위해 애썼고, 말단 직원이라도 그 사람의 이름을 불러주어 자긍심을 지닐 수 있도록 배려했다. 이와 같이 사람의 이름이란 한 사람의 마음을 다스리는 데 있어 매우 큰 영향을 끼친다.

많은 사람들을 자신의 편으로 만들고 싶다면, 그리고 자신에게 중요한 사람이라면 상대의 이름을 부르는 연습부터 해보라고 권하겠다. 상대의 이름을 부드럽고 친근감 있게 부를 수 있는 재능이야말로 교제의 으뜸이라고 할 수 있다.

그대의 이름을 불러준다면 그대는 감명을 받으리니 이름으로 남을지어다.

 여기서 잠깐만~!

처음 만났을 때와 헤어질 때, 인사는 악수를 청한다

상대방의 손을 실제로 마주 잡는 것은 매우 강한 인상을 준다. 악수 시간은 약 3초 정도가 가장 적당하다. 그리고 악수를 할 때는 가벼운 미소를 지어 보이는 것 또한 매우 중요하다. 악수를 할 때 보여주는 가벼운 웃음, 상대의 눈을 마주칠 때마다 보여주는 가벼운 미소는 상대로 하여금 긴장을 풀 수 있게 해 줄 뿐만 아니라 호감을 느끼도록 해 준다.

눈을 마주칠 때는 부드럽게

 거북한 사람과 마주 보고 있자면 곤혹스럽다.
 눈을 마주 치자니 껄끄럽고, 피하자니 예의가 아닌 듯하고 참으로 난감하다.
 연인끼리 눈을 마주 친다는 것은 친밀한 사랑의 교감이다. 그런 시선의 마주침이야말로 은근하고 가슴 설레는 일이다. 그렇지만 사람들을 대하는 일이 늘 이처럼 감미롭고 은근할 수 없지 않은가. 싫어도 바로 봐야 할 때도 있고, 억지로 표정을 감추고 시선을 줘야 할 때도 있다. 그때마다 싫다는 내색을 하며 바라보거나 불편한 시선을 던질 수는 없다.
 연인이나 가족같은 친근한 관계에서는 눈의 마주침이야 당연한 것이지만, 그렇지 않은 사람들과 마주 대해야 할 때는 어떻게 해야 할까?
 아무리 기분 나쁜 일이 있어도 자신과 마주 하는 상대에게 찡그리거나 찌푸린 표정을 보이는 것은 실례이다. 자신과 대면하고 있는 상대와 눈을 마주쳤을 때는 언제나 부드러운 눈길을 보내는 것이 좋다. 친근한 미소와 부드러운 표정을 뭐라 할 사람은 없다.

그렇다면 대화를 할 때 어느 부분을 바라보아야 할까?

* 좌우의 눈과 입을 연결하는 삼각형 부분 75퍼센트
* 이마와 머리 10퍼센트
* 턱 5퍼센트
* 그 밖의 부분 10퍼센트

만약 이런 방법이 복잡하다고 여겨지면 양쪽 눈과 입 사이를 바라보는 것이 자연스럽고 좋은 방법이다.

상대방의 시선에 자신의 시선을 맞추는 일은 사람의 마음을 사로잡는 기술이다. 그리고 성공적인 대화를 위해서는 시선을 맞추는 일이 필요하다. 이야기를 시작할 때 또는 끝마칠 때뿐만 아니라 그 중간에도 마찬가지다. 또한 자신이 말을 할 때뿐만 아니라 상대방의 말을 들을 때에도 언제나 시선을 맞추어야 한다. 상대방 쪽으로 상체를 약간 숙이는 방법으로 자신이 주의를 집중하고 있다는 것을 암시하는 방법도 있다.

말하는 사람의 얼굴을 똑바로 바라보면 그의 말에 주의를 기울이기가 훨씬 쉬워진다. 처음에 상대와 부드럽게 시선을 맞추는 일이 중요하다. 상대가 시선을 맞추려 하는데 시선을 돌리는 것은 상대방을 당황하게 만들므로 조심해야 한다. 눈을 맞추는 것은 마음을 통하기 위한 준비 작업이다. 상대와 첫 번에 마음이 통하지 않으면 그 다음부터 무슨 얘기를 주고받든지 막막하게 된다.

말하는 상대편의 말에 귀를 기울이고 또한 그 사람의 눈을 잘 지켜보면 그 사람의 성격을 알 수 있다. 사람들은 아무리 수단을 써도 말할 때만큼은 자신의 성격을 숨길 수 없기 때문이다.

상대가 이야기하는 내내 빤히 쳐다보는 태도를 버려야 한다. 생각하기에 따라서는 의심스러운 눈초리로 오해받을 수도 있기 때문이다. 내가 이야기하는 경우도 상대방과 눈을 맞추어가며 이야기할 때 의사 전달이 쉽다. 눈을 본다, 눈을 맞춘다는 것은 상대의 얼굴이나 표정을 본다는 것으로 이해하면 된다.

사람들이 대화 상대로부터 눈길을 돌리는 것은 두려움, 불안, 자신 없음, 혐오감들이 원인이 된 경우가 많다. 따라서 눈길을 외면하는 것은 상대방에게 '이 사람이 나에게 유감이 있거나 싫어하는 것이 틀림없다.'라는 오해를 불러일으킬 수가 있다. 따라서 당신이 누군가를 만나면 몇 초의 짧은 시간일지라도 시선을 부드럽게 맞이해야 한다.

그때그때 상황에 알맞은 보디랭귀지는 당신이 세심하게 경청할 때 자연스럽게 나오는 몸짓이어야 한다. 상대방의 의견에 관심이 있거나 그 사람 개인에 대해서 궁금해지면 그가 말할 때 저절로 고개가 끄덕여지고 의심날 때 고개를 갸웃거리게 된다.

시선을 다른 곳으로 옮겨갈 때는 급작스럽게 한 번에 옮겨가지 말아야 한다. 상대의 눈 주위, 다음은 얼굴의 다른 부분, 그리고 자기가 원하는 방향의 순서로 점차적으로 옮겨가야 한다. 상대가 눈길을 거두면 곧장 함께 눈길을 거두지 말고 1초 정도 상대를 더 바라보아 준다. 만약 상대가 5초 이상 눈길을 마주쳐 온다면 그때에는 이쪽에서 먼저 눈길을 거두어도 좋다.

알베르 카뮈는 사람은 말하는 것에 의해서보다는 침묵하는 것에서 더욱 인간다워진다고 했는데, 상대를 부드러운 눈길로 바라보는 것은 '저는 당신에게 호감을 가지고 있습니다.' 하는 뜻의 표현이므로 상대에게 좋은 이미지를 선사할 수 있다.

당신의 현재 말하는 습관은 어떠한가. 마음과 몸이 함께 움직이고 시선이 상대방에 대한 호감과 호기심으로 다가서게 하라.

 여기서 잠깐만~!

사람들과 눈을 맞추지 못하고 재빨리 눈길을 피하면

사람들과 눈을 맞추지 못하고 재빨리 눈길을 피하는 사람은 지나치게 자신감이 부족한 경우가 많다. 즉, 일관된 자기 존재감을 형성하지 못한 것이다. 죄를 지은 사람도 역시 사람들과 눈을 맞추지 못한다. 또한 무언가 상대에게 켕기는 일이 있거나 죄책감이 있는 사람도 무의식적으로 이런 행동을 보인다. 눈은 마음의 창이라고 했다. 마음속으로 어떤 생각을 하느냐에 따라 상대를 바로 보거나 그렇지 못하게 된다.

입에도 휴식을 주어
남의 말에 귀를 기울여라

 딱히 대답하기 곤란한 질문을 받으면 궁색해진다. 또한 대답하고 싶지 않은 질문을 받을 땐 안 할 수도 없고 거절하자니 난처하고, 이럴 땐 방법이 있다. 그 질문을 똑같이 상대에게 되돌려주면 된다. 결혼을 하지 않은 당신에게 누가 '아직 왜 결혼을 안 하셨지요?'라고 물어온다면 다소 기분이 나쁘고 딱히 좋은 대답도 생각나지 않는다. 한마디로 잘라서 말할 수 없는 질문을 던질 때 그 질문을 상대에게 되돌려 던지는 거다.

 "그렇다면 당신은 왜 결혼을 여태 안 하셨지요?"

 "저는 아직 나이가 있으니까요."

 "그래요. 저도 아직 할 일이 많고, 결혼을 서두르고 싶지 않아서 말입니다."

 라고 말한다면 대답을 궁리하느라 쩔쩔 맬 필요가 없어진다.

때로 침묵으로 많은 말을 대신 하는 경우이다.

"선생님의 의견은 어떠십니까?"

이렇게 물었는데 계속 침묵을 이어간다면 그것은 의문이나 거부, 강한 반발을 느끼고 있는 것으로 예상해도 좋다. 질문에 무답인 것은 딴 생각 중이거나 대답할 의도가 없음을 내비치는 것이다.

회사에서 부하 직원이 드디어 프로젝트를 성사시켰다. 기쁜 나머지 회사 오너에게 그 프로젝트를 알려준다.

"사장님! 드디어 방금 그 계약 건을 성사시켰습니다."

이때 사장이 침묵하고 아무 말 안 하고 있는 경우라면 어느 때일까. 아마도 틀림없이 사장은 너무 감격한 나머지 어떤 칭찬의 말을 해야 할지 몰라 말을 잇지 못하는 것으로 해석할 수 있다. 또 슬픈 소식을 듣게 된 사람이 슬픔이 너무 커서 그 자리에서 아무 말도 못 할 경우가 있다. 슬픔을 억누르지 못해 어떤 말도 할 수없는 상태의 침묵 말이다.

따라서 이와 같은 특성을 잘 이용한다면 침묵은 여러 말을 하는 것보다 더 많은 의미를 상대에게 전달할 수 있다. 예를 들어 어떤 말을 강조할 때, 그 말에 앞서 잠시 침묵을 지키는 것은 그 말의 중대성을 더욱 높게 해준다.

처칠이 옥스퍼드 대학 졸업식에서 축사를 하기 위해 연단에 올랐다. 그는 연설하기에 앞서 다소 긴 침묵을 유지했다. 장내는 숙연해졌고 무수한 시선이 연단의 처칠에게로 몰렸다. 이윽고 처칠이 입을 열었다.

"포기하지 마라."

그의 목소리는 쟁쟁하게 울려 퍼졌다. 그리고 그는 잠시의 침묵 후에 두 번째 말을 이었다.

"절대로 포기하지 마라."

그 말을 끝으로 그는 연단을 내려왔다. 정적이 흘렀다. 그리고 이내 객석에서는 장내가 떠나갈 듯 박수소리가 터져 나왔다.

자신이 얘기할 차례에서 잠시 침묵을 지키는 것은 다른 사람들의 주목을 끌게 된다. 당신이 어떤 부하를 꾸짖을 때도 잠시 침묵을 유지하는 것은 상대를 더욱 두려움에 떨게 하고 반성의 깊이를 크게 만들 수가 있다. 또한 당신은 상처를 입은 부하 앞에서 잠시 침묵을 한 후 어깨를 두드려 준다면 부하 직원은 당신이 매우 우호적으로 생각하고 있다는 점을 은연중 알게 된다. 이처럼 침묵은 여러 가지의 용도로 쓰일 수 있다.

 **여기서 잠깐만~!**

상대방에게 끝까지 말하게 한다

누구나 자신의 말을 중간에 자르는 사람을 싫어하게 마련이다. 이것은 나의 의견뿐 아니라 나의 존재 자체가 존중받지 못한다는 생각을 하게 한다. 남의 말을 자르고 끼어드는 것은 무례하고 매우 경솔한 행동이다.

당신이 먼저 들어라, 상대를 설득하려면

 상대를 설득할 수 있는 최선의 방법은 그의 주장에 귀 기울이는 것이다. 그의 주장에 귀를 기울인다면 그 사람을 알 수 있다. 아무리 물건을 판매하는 세일즈맨이라도 자기 물건을 판매하기 위해 상품 설명만 하다 보면 고객을 놓치기 마련이다. 대신 고객의 생각이나 주장에 귀 기울여줄 때 설득을 위한 단계로 더 빨리 다가갈 수 있다.

 세계적으로 성공한 사업가 빌 게이츠는 항상, '내가 고객의 업무 환경을 좀 더 편하게 만들어 줄 수 있는 방법은 없을까?' 라고 고민하며 고객들의 불만 사항을 체크했다고 한다.

 빌 게이츠는 고객의 목소리를 귀 기울여 듣지 않고는 보다 나은 서비스, 보다 나은 프로그램은 개발될 수 없을 것이라고 생각했다. 남들보다 많은 이야기를 듣기 위해 노력하는 것이 빌 게이츠 사업 전략이었다.

일본의 한 세일즈맨이 이런 이야기를 한 적이 있다.

"고객께서 말을 많이 하시면 이미 그 세일즈의 절반은 성공한 것이라고 할 수 있습니다. 상대가 70%의 말을, 그리고 내가 30% 정도로 말해서 대화를 이끌어간다면, 그 세일즈는 반드시 성공합니다."

다른 사람의 이야기를 진지하게 들어주는 경청의 태도는 자신이 다른 사람들에게 나타내 보일 수 있는 최고의 찬사 가운데 하나이다. 그러니 판매를 목적으로 하는 고객과의 만남에서도 경청의 자세를 취해주면 설득의 단계로 쉽게 진입할 수 있다. 말하는 것은 지식의 영역이고, 듣는 것은 지혜의 영역이라고 했다.

그러나 대부분의 사람들은 어떠할까. 보통 사람들은 자신의 주장을 남에게 이야기하기 급급하다. 그런 나머지 듣기보다는 말하기에 급급해하는 모습을 보인다.

남을 설득시키더라도 일단 듣기가 기본적으로 갖추어 있지 않으면 그 대화는 성공할 수가 없다. 듣기란 상대방에게 화제의 주도권을 맡기는 일이다. 그러므로 상대가 이야기를 하는 도중 나와 다른 생각, 다른 의견을 가지고 있더라도 성급하게 반박하거나 비판하는 자세를 보여서는 안 된다.

대개 듣는 것이 상대의 의견에 동의하고 상대를 이해하는 것에 지나지 않는다고 여긴다. 하지만 듣기는 상대를 설득하는 것보다 더욱 강한 힘을 발휘한다. 상대가 어떤 생각을 하고 있으며, 왜 그렇게 생각하는지에 관해서 알지 못하면 이야기는 좀처럼 진전을 거둘 수 없다. 상대방을 설득하려면 상대의 말을 듣는 것이 무엇보다 필요한 과정이다. 남의 말을 듣는 데에 있어서 가장 나쁜 태도는 상대방이 말하는 도중에,

"하지만 말이야."

"그렇지만 말이야, 그건 또 그렇지가 않아."

하며 상대에게 이미 내어준 화제의 주도권을 불쑥 가로채는 일이다. 이것은 먼저 말을 한 사람에게 불쾌감을 줄 뿐만 아니라 자신의 의견을 수렴, 보완할 수 있는 기회마저도 잃게 된다.

말은 머리와 꼬리가 있으니 다른 사람이 이야기할 때 끼어들지 말아야 한다. 현명하고 사려 깊다는 인상을 주려면 다른 사람의 말이 끝날 때까지는 말하지 않는 것이다.

듣기는 상대에게 화제의 주도권을 내어주는 것이지만, 성실한 자세로 듣는다면 말을 하는 사람은 듣는 사람에 대한 좋은 인상을 갖는다. 또한 진지한 자세로 상대의 말을 듣다 보면 그의 생각의 전후 배경이나, 상대방 심정 등을 헤아릴 수 있으며 자신의 주장에 있어 미약한 점을 보다 적절하게 보완할 수 있는 중요한 기회를 갖게 된다.

실제로 선진국의 기업 관리자들은 일하는 시간의 60~70%를 회의, 전화, 토론 등 커뮤니케이션 활동에 쓰고 있다. 즉 많은 사람들의 의견을 듣고 그것을 수렴하여 보다 나은 정책과 효율적인 업무를 구성하기 위하여 투자하는 시간이 많다는 것을 의미한다.

 여기서 잠깐만~!

입만 열면 온갖 자랑을 늘어놓는 사람

'옛날에 내가 말이야.'로 시작하거나 '그때 우리 집이 동네 최고의 부자였어.'와 같이 현재 아무리 떠들어봐야 아무 소용없는 자랑을 늘어놓는 사람이 있다. 또 부모님의 출세담이나 잘 나가는 형제들 이야기뿐 아니라 '우리 친척 중에 국회의원이 있어.'라든지 '내 친구가 대법원 판사라니까.'식의 자랑거리로 입에 침이 마르지 않는 사람도 있다. 그러나 이런 사람은 자신의 열등감을 은연중에 드러내 보이는 것뿐이다. 특히 자랑거리가 그 자신에 관한 것이라기보다 가족이나 친구, 친척, 이웃에게 확대될수록 별 볼일 없는 사람이라는 열등감을 적나라하게 드러내는 것이다.

들통 나기 십상이다, 듣는 척하면

여러 사람이 대화를 나누는 자리에서 한 사람이 10분 이상 대화의 주도권을 잡고 있으면 나머지 사람들은 고단해진다. 그런 자리에서는 한 사람이 줄곧 대화의 주도권을 잡아 이끄는 불상사를 막아야 한다.

아무리 재미있는 이야기도 집중해서 들으면 10분, 15분 이상 버티기가 힘이 들다. 그 다음부터는 피곤을 느끼고 마음이 흐트러진다. 이런 때는 이야기를 들어준다는 것 자체가 힘든 고역이다.

이때 몸의 자세까지 굳어 있으면 상대의 말이 마음속으로 흡수되지 않는다. 애꿎은 시간만 탓하게 된다. 몸은 그야말로 비비 꼬이고 마음은 콩밭에 가 있다. 이런 때는 몸의 힘을 빼고 편안한 마음으로 들어야 남의 말이 한결 잘 들릴 수 있다.

그러나 도저히 들을 수 없는 상태가 되어 건성으로 고개만 끄덕거릴 수가 있는데 이것은 오히려 결례가 된다. 한두 마디는 그냥 넘어갈 수 있을지 모르지만 그와 같은 건성의 듣기가 계속되면 말하는 사람은 상대방으로부터 우롱당하는 느낌을 받을 것이다. 이때에는 차라리 거짓으로 듣는 척하는 것보다 솔직히 말을 하는 편이 좋을 것이다.

"죄송하지만 다음 기회에 이어서 들으면 좋을 것 같습니다."

별 내용도 없는 상대방의 말을 언제까지 들어주는 것도 고역이다. 이럴 때 역시 정중하게 말을 하는 것이 낫다.

"이제 이야기 마무리를 하는 것이 좋을 것 같습니다."

듣는 척하다가 들통 나기 쉽다. 상대방이 우롱당한다는 느낌이 들지 않게 차라리 이야기 중간에 정중히 자르고 거절을 표시하는 것이 낫다.

 여기서 잠깐만~!

자신의 생각을 프레젠테이션하는 법

마리온 위츠는 '자신의 생각을 프레젠테이션 하는 법'을 특히 강조했고 자신의 저서에서 프레젠테이션의 다섯 가지 법칙을 다음과 같이 제시했다.
제1법칙 - 목표를 설정하라.
제2법칙 - 프레젠테이션 유형을 결정하라.
제3법칙 - 청중을 파악하라.
제4법칙 - 원고를 구어체로 준비하라.
제5법칙 - 실제로 프레젠테이션을 해보라.

남을 아끼는 배려 한 마디, 인격이 돋보인다

늦은 밤까지 공부하느라 애쓰고 있는 자녀에게,

"애쓴다. 열심히 하는 네 모습을 보니까 든든하다. 건강도 챙길 겸 쉬는 시간도 갖고 그러렴."

밤늦게까지 철야 업무를 하고 있는 직원에게,

"자네, 이렇게까지 늦도록 일을 하는가? 쭉 지켜봤는데, 정말 열심히 일하는 사람이군. 우리 회사에 필요한 인재가 바로 자네 같은 사람이야."

가사에 시달리는 아내에게,

"여보, 정말 고생 많아. 내가 일찍 귀가해서 당신 힘든 일도 좀 도와주고 해야 하는데, 일이 바쁘다는 핑계만 댔네. 오늘은 뭐 좀 도와줄 일 없나?"

이런 따뜻한 말 한 마디를 해준다면 아마 자녀는 부모님에게 인정받았다는 뿌듯함에 더 열심히 공부할 것이고 부하 직원은 그동안 쌓였던 피로를 말끔하게 씻어낼 것이다. 열심히 일하는 부하 직원을 인정해 주는 말 한 마디로써, 부하 직원은 상사에게 표현할 수 없는 신뢰감을 쌓게 된다.

또한 가사에 시달리던 아내도 이 말을 들으면 힘든 노동쯤은 아무것도 아닐 것이다. 하루의 피곤이 남편의 이 말 한 마디로 말끔히 씻겨 나갈 수 있다.

직장에서 상사가 아랫사람을 위해, 가정에서 남편이 아내를 위해, 부모가 자식을 위해, 학교에서 친구들을 위해 행하는 작은 배려, 그 하나로 세상은 보다 풍족하고 신뢰감을 보이는 사회가 될 수 있다.

특히 상대를 위한 배려의 방법으로 '눈높이 대화법'이 있다. 말은 듣는 사람의 수준과 연령, 그리고 지식의 정도에 따라 달라져야 한다는 것을 강조한 대화법이다.

'눈높이 대화'의 일례로, 케네디의 취임 연설을 들 수 있다. 케네디의 취임사를 준비한 참모들은 그들이 준비한 연설문에 '우리는 오늘 정당의 승리가 아니라 민주주의의 성찬을 축하한다.'라는 문구를 넣었다.

그러나 회의 결과 평범한 국민들이 알아듣기에, '성찬'이라는 단어는 너무 어려울 수 있다는 결론에 도달했다. 그리하여 그들은 '자유의 집회를 축하한다.'라고 연설문을 수정했다. 그리고 더 쉬운 단어가 없을까를 고민하던 중, 급기야는 '자유를 축하한다.'라고 가장 쉬운 말로 연설문의 내용을 바꾸었다.

듣는 사람의 눈높이에 맞추어 적당한 언어를 적절하게 구사할 줄 아는 사람이 상대를 배려해 말을 잘 할 줄 아는 사람이라는 호평을 받는 법이다. 그 배려의 말 속에 인격이 배어나온다.

상대를 배려하는 방법에는 여러 가지가 있지만, 사람들은 따뜻한 말 한마디, 대화 상대를 배려해 나누는 눈높이 대화 등으로 위로를 받는다. 이러한 배려를 생활 속에서 적절하게 구사할 줄 아는 사람은 보다 넓은 대인관계를 통하여 조금 더 풍요로운 인간관계를 누릴 수 있을 것이다.

 여기서 잠깐만~!

상대방을 의심하지 않는다

뻔한 거짓말일지라도 상대방이 아니라고 하면 그냥 수용해야 한다. 굳이 상대방을 의심하지 않아도 진실은 언젠가는 밝혀질 것이기 때문이다. 의심은 좋은 인간관계를 망치는 훼방꾼이다.

한 몫 거들게 상대를 움직여라

대화란 혼자 하는 것이 아니다.

대화란 양쪽이 노력하여 훌륭한 제3의 의견을 만들어 내는 일이다. 알고자 하는 노력과 알리고자 하는 노력, 즉 듣기와 말하기가 조화를 이룰 때 가능하다. 그래야 비로소 그 대화는 흥겹고 즐겁게 된다. 대화의 마당에서 좋은 상황을 맞이하려면 상대편을 훌륭한 대화 상대로 대접해 주고 이해하는 노력을 갖춰야 한다.

이때 가장 좋은 방법은 상대의 자존심을 살려주는 것이다. 상대의 자존심을 세워준다는 마음가짐으로 대화에 나서면 실수를 줄인다. 특히 서로가 무시당했다고 불쾌해 하거나 기분 나쁜 상황을 만들지는 않을 것이다.

대화에서 자존심을 살려준다는 것은 자신만 혼자 말을 하지 말고 간혹 질문을 던져 상대가 말하도록 만드는 것이다. 그것은 상대를 끌어당겨 주의를 다른 쪽으로 돌리지 못하게 할 수 있다. 주의를 다른 곳으로 돌리지 않도록 배려한 자존심을 세워주는 대화 유도법은 아주 중요하다.

대답하기 싫거나 단순 대답만이 나올 질문을 던져서는 곤란하다. 상대가 뿌듯한 자부심을 느낄 수 있는 질문을 던지면 좋다. 즉 대화에서 상대도 한몫을 할 수 있도록 기회를 주는 것이다.

가령 잘 아는 사실이 기억나지 않을 때가 있다. 만약 말을 하는 도중에 그와 같은 상황이 발생한다면 그냥 얼버무리거나 시간을 소비해 가면서 기억을 하려고 애쓸 필요가 없다. 상대방에게 물어보는 것이다.

대화 도중 당신이 만약 어떤 책을 읽었는데 작가 이름이 기억나지 않는다면 '그 작가 이름이 뭐였더라?'라고 물어서 상대방도 같이 생각을 할 수 있는 기회를 만든다.

만약 그가,

『이기는 대화』 이서정 작가 말씀입니까?'라고 제대로 말을 해온다면 무릎을 치며 이렇게 말한다.

"그래 『이기는 대화』의 이서정 작가, 맞아, 자네도 그 책을 읽었나? 그 『이기는 대화』 말이야……."

이렇게 이야기를 이끌어 나간다면 상대는 더욱 더 이야기에 정신을 집중해서 들을 것이다. 또 상대는 자신이 한몫을 했다는 사실로서 자부심을 갖게 될 것이다.

이 방법을 잘 구사할 수 있다면 굳이 모르는 사항에만 질문을 할 필요는 없다. 아는 사항에 대해서도 모르는 척 상대에게 질문을 던져 한몫을 할 수 있는 기회를 제공할 수 있다. 상대가 대화의 흥미를 못 느끼는 반응을 보이거나 시큰둥한 태도를 취하거나 딴 짓을 할 때에도 일부러 모른 척 하고 상대에게 질문을 던져 화제에 참여시키는 것이다. 상대에게 한 몫 거들었다는 성취감을 안겨주는 대화를 시도하는 사람이라면 누구라도 그 사람과 대화하는 것을 싫어하지 않을 것이다.

 여기서 잠깐만~!

'바쁘다'는 말을 입에 달고 사는 사람

입만 열면 바쁘다고 말하는 사람이 있다. 정말 할 일이 많아서 그럴 수도 있지만 딱히 꼭 하지 않아도 될 일이거나, 내가 아닌 다른 사람이 해도 되는 일임에도 모두 자신이 해야 한다고 생각하고 떠맡는 경우가 많다. 그런 사람은 자신이 속한 집단, 이를테면 가정이나 회사 등에서 자신의 존재 의미가 불확실하다고 여기기 때문이다. 그래서 잠시라도 짬이 나고 쉴 시간이 생기면 오히려 불안하고 당황해한다. 무언가 일을 하고 있을 때만 존재감을 느끼고 안심이 된다는 말이다.

무조건 비판은 원수를 만든다

 다른 사람의 잘못을 들춰내기는 쉽다. 그 잘못을 못마땅하게 여겨 비판을 가한다면 비판이나 비난을 받은 당사자는 그것을 수용하고 고쳐야겠다는 생각을 먼저 하지 않는다. 자신이 잘못해서 비판받았다고 여겨 '내 탓! 내 탓!' 하지 않는다. 그 비난의 화살을 받고는 분노를 먼저 느낀다. 내가 어떤 의도로 상대의 잘못을 들추었든 간에 그 화살은 결국 나에게 돌아온다.

 무심코 던진 비난의 말이 화살이 되어 내게 돌아오는 것을 망연히 바라볼 것인지, 아니면 상대의 자존심을 세워 배려하는 모습을 보일 것인지 선택은 자신에게 달려 있다.

 철학자 소크라테스는 대중연설을 자주 했다. 사람이 많이 모이는 시장에 나가 청년들을 모아놓고 진리와 정의의 존귀함을 역설하는 소크라테스를 당시 권력자들은 마음속으로 증오하여 그를 고발하고 법정에 세웠다. 재판 결과 전체 5

백 표 중에서 282표가 소크라테스의 사형에 동조했다. 이렇게 된 것은 소크라테스가 당시의 권력자들을 공개적으로 비판해 그들을 아프게 만든 데에도 한 원인이 있다.

다른 사람을 비판할 때는 신중을 기해야 한다. 모든 사람이 알도록 큰소리로 말해서는 안 된다. 어렸을 적 선생님에게 혼난 경험은 누구나 가지고 있다. 그때 선생님에게 매를 맞는 것보다 더 고통스러웠던 것은 혼나는 장면이 친구들에게 목격된다는 사실이었다. 매 맞는 고통에 비할 바가 아닌 공개적인 꾸중으로 가슴에 멍이 든다. 일종의 트라우마까지 발생한다. 아이들은 자신에게 가해진 매맞음의 아픔보다 비판으로 인하여 체면이 추락되는 것을 더 아프게 생각한다. 그것은 인간이 자존심을 지닌 동물이기 때문이다.

따라서 누군가를 나무라거나 잘못된 점을 지적할 필요가 있다면 그 사람을 조용히 불러서 해야 한다. 꾸짖음을 받는 당사자는 당신의 의견보다 자신의 의견이 더 옳다고 믿을 때가 더 많다.

꾸짖는 사람은 상대편의 생각이 틀렸다는 것을 입증하지 못하면 거센 반발을 받을 수 있다. 만약 대안 없이 상대를 꾸짖는다면 그것은 감정적으로 비쳐질 수밖에 없다. 따라서 이러한 단점을 없애는 방법은 상대의 좋은 점을 칭찬하면서 잘못을 일깨워 주는 것이다.

그리고 비판을 가할 때는 다음과 같은 요령을 익혀야 한다.

1. 남이 없는 곳에서 조용히 비평한다.
2. 미소를 띠고 친절한 태도로 비평한다. 얼굴 표정은 그 사람에 대한 애정이 묻어나오도록 해야 한다.
3. 처음에는 그 사람의 장점을 먼저 칭찬해 주고 자극을 주지 않도록 배려한다. 사람에게는 반드시 한 가지 이상의 칭찬할 점이 있다는 사실을 믿어야 한다.
4. 상대에게 마음의 상처가 되지 않도록 접근해야 한다. 가급적이면 꾸지람을 한다는 느낌이 들지 않도록 말을 잘 선택해야 한다.
5. 건설적으로 비평한다. 대안을 제시한다. 결점을 지적하는 데 그쳐서는 안 된다.
6. 상대의 발전을 위한 비판이라는 인상을 주어야 한다. 제대로 비평할 줄 모른다면 차라리 가만히 있는 것이 낫다.
7. 비평한 다음 다시 한 번 상대를 칭찬해 주고 등이라도 한 번 가볍게 두드려준다.

 여기서 잠깐만~!

무뚝뚝한 상대에게는 이런 질문법을

무뚝뚝한 상대에게는 문답법을 실시한다. 상대가 대답할 수 있는 질문을 먼저 던져주는 것은 말수가 적은 사람에게나, 혹은 지나치게 무뚝뚝한 사람과 이야기를 하는 데 있어 좋은 방법이 된다.

꾸지람에도 웃게 만드는 화술이 있다

정문일침이란 말이 있다.

실수한 상대의 정곡을 찔러 상대를 꼼짝 못 하게 하는 것이다. 이런 방법은 반드시 논쟁에서 이겨야 할 경우라면 몰라도 상대를 꾸짖어 좀 더 나은 방향으로 이끌어가고자 함이라면 결코 바람직하지 않다.

이야기 도중 상대의 정곡을 찌르거나 허를 찌르는 말을 했을 때 그 말을 들은 상대는 부글부글 속을 끓일 수 있다. 자신의 허물에 대한 반성보다 정곡을 찔렸다는 데에 상처를 받는 것이다.

상대방이 자신의 잘못을 인정하지 않고 부득부득 우기거나 발뺌을 하는 경우라면 정문일침이 효과가 있다. 그러나 보통의 대화에서는 바람직한 방법이 아니다. 자신의 허술함이 판단되었다고 해서 정문일침을 가한 상대에게 고마워하지 않는다. 도리어 앙심을 품게 만들 뿐이다. 언젠가는 반드시 저 인간에게 보복을 하리라는 적개심과 함께 말이다.

이런 때는 곧장 본론으로 들어가기보다 주변에서부터 바람을 잡아 나간다. 그리고 얘기의 끝부분에 가서야 비로소 상대의 급소를 짚어나가야 한다.

'이 분이 왜 나에게 말을 하는가? 무슨 꾸짖음이 있을까?'

이처럼 상대는 자신이 공격받을 것을 예상해 마음속 준비를 할 시간적 여유가 생긴다. 또 신랄한 비판을 당하더라도 아픔이 덜하게 된다. 변죽을 울릴 때는 상대방이 친근감을 느끼는 대상에서부터 하는 것이 좋다.

"자네 부인은 잘 계신가?"

"자네 아이들은 어때? 공부는 잘하겠지? 벌써 사춘기인가? 요즘은 사춘기가 좀 빠른 편이지."

이처럼 상대의 친근한 화제로부터 경직된 마음을 풀어주는 것이다. 그런 다음 본론으로 들어간다면 상대는 훨씬 아픔을 덜 느낀다. 이런 때에는 꾸지람이라도 달게 받는다. 꾸지람에도 상대를 웃게 만드는 말하는 법을 연습해 보는 거다.

어떤 경우에도 비판을 가할 때는 상대의 얼굴에 주먹을 날리는 기분으로 해서는 안 된다. 비판은 상대의 등을 두들겨주는 기분으로 해야 한다. 어느 경우에서든 과실이 발견되었을 때 결코 변명을 해서는 안 된다. 변명이란 자신의 잘

못에 나름대로 이유가 있는 주장을 하는 것이다.

그러나 당신에게 어떤 정당한 이유가 있건 없건 원칙적으로 변명을 하지 않는 것이 좋다. 만약에 상대방으로부터 이유를 설명하라는 요구가 있었을 때라도 변명을 하려 들지 말고 정중히 사과하고 사실을 설명해야 한다. 그러나 이 설명 속에서 당신의 해석을 포함시키지 말고, 있는 그대로를 말해야 한다.

상대방의 감정이 폭발하여 언성이 높아질 경우라도 당신은 변명을 하려 하거나 불만을 나타내지 말아야 한다. 단지 당신은 다시는 같은 과오를 범하지 않겠다고 다짐하는 것으로 족하다.

 여기서 잠깐만~!

상대방의 기분을 고려하여 질문을 던진다

이야기란, 그날그날 상대의 감정에 따라 충분히 달라질 수 있다. 상대의 기분이 좋지 않을 때, 또는 상대의 기분이 좋을 때에 따라 그에 맞는 화제를 배려해 주는 것이 좋다. 사회적으로 성공한 사람들의 공통점 중 하나는 상대의 섬세한 감정 부분까지 살필 줄 안다는 것에 있다. 작은 일이라 할지라도 상대의 심중을 헤아려 상황에 맞는 적절한 화제를 던질 줄 아는 사람이 말을 잘하는 사람이다.

납득은 설득의 제1조건이다

　상대를 설득하는 조건이 있다.
　우선 대책 없이 자기생각을 강요하거나 자기주장을 펼쳐서 상대로 하여금 수용케 하는 방법은 바람직하지 않다고 앞에서도 지적해왔다. 성공적인 대화란 상대에게 자신의 이야기를 공감케 하고 수용케 함을 원칙으로 한다. 특히 바람직한 상황으로 나가는 방법을 찾고자 여러 사람의 의견을 모으려고 할 때는, 충분한 설득의 조건을 갖추어야 한다. 그 제일 차적 조건이 바로 상대를 납득시키는 일이다. 납득이 따르지 않고서는 설득의 단계로 나가기 힘들다.
　설득의 장소로 나오려 하지 않는 상대를 끌어내려면 왜 설득하는지에 대한 이유를 납득시킬 전제가 있어야 한다. 무조건 설득이란 없다. 상대를 설득으로 끌어오려는 납득의 상황을 갖추고 나서야 비로소 설득 전선에 나설 수 있는 것이다. 자, 어떻게 납득시킬 것인지 그 방법을 알아본다.

* 듣기 좋은 소리로 이성을 무마시킨다.

비록 입에 발린 소리라도, 듣기 좋은 소리를 싫어할 사람은 없다. 상대의 기분을 좋게 하는 말을 하여, 상대의 이성을 무마시킨 다음, '내가 당신이 아니면 누구한테 도움을 청하겠나?' 라는 표현어를 적절히 사용해, 감성을 극대화시키는 것이 납득을 위한 심리의 기본 바탕이 된다.

* 때와 장소를 가려 이야기한다.

말하기의 특성상, 상대를 설득할 때 장소와 때에 따라 행동이 달라지는 것은 당연한 일이다. 따라서 상대와 이야기를 할 때 장소, 시간 등을 적절하게 골라 이야기를 하는 것이 매우 중요하다.

* 상대의 긴장을 푼다.

대부분의 사람들은 다른 사람이 자신과 다른 의견을 가지고 설득을 할 때, 긴장하게 된다. 그리고 이러한 긴장이 점점 고조되어 상대의 말에 저항하거나, 동의하지 않게 된다. 그러므로 상대방을 설득할 때는 상대가 긴장을 풀고 편안하게 생각할 수 있도록 상대의 장점 등을 칭찬해 준 다음, 이야기를 하는 것이 현명한 방법이다.

* 설득은 명령이 아니다.

'이렇게 하게나.' 가 아니라 '이렇게 하면 어떻겠나?' 라는 것을 기억해야 한다. 이야기를 진행하면서 상대의 생각을 묻고, 함께 대안을 모색하기 위해 노력하는 자세가 설득에 있어서는 가장 중요하다.

* 암시를 잘 활용한다.

"나는 이렇게 하는 것이 좋다고 생각하네."

"이렇게 하는 편이 자네에게 더 좋지 않을까?"

이런 말로써 상대의 마음을 움직여라. 무엇보다 상대방이 자발적으로 내 의견에 동참하는 것이 가장 좋은 설득이 될 수 있다.

* 상대의 책임감을 불러일으킨다.

"이 일을 자네 아니면 또 누가 하겠는가?"

"내가 믿을 사람이 자네 말고 또 누가 있겠는가."

이런 표현을 사용하면 상대가 일에 대해 책임감을 느끼기 시작하며 반은 설득된 것이라고 볼 수 있다. 이야기를 하면서 상대의 중요성을 끊임없이 이야기하고 부각시켜 주도록 한다.

 여기서 잠깐만~!

초면일 경우에 말문을 열려면

일상의 화젯거리를 꺼낸다. 기후나 자연 현상, 취미나 기호, 화제가 되는 뉴스나 여행 장소, 습관, 가족의 이야기나 친구들의 이야기, 일이나 직업에 관한 이야기를 선택하는 것이 가장 자연스러우며, 상대방으로 하여금 자연스럽게 말문을 열게 하는 열쇠가 된다.

말에는 반드시 목적이 따른다

다른 사람과 대화하기에 앞서 우리는 그 만남의 목적이 무엇인가를 분명히 알고 있어야 한다. 이것은 서로 어울리는 가운데 발생하는 다양한 의문들을 해소하는 데 매우 유용하다.

예를 들어 최신형 핸드폰을 사기 위해 가격을 흥정할 때 사전에 시장 조사를 통해 상인이 얼마를 요구할지를 알아내고 대응한다면 남보다 싼 값에 구입할 수 있다.

그렇게 당신이 현재 어디에 있고 어디로 가려고 하는지를 확실하게 알고 있다면 목적지에 도달하는 것은 그리 어렵지 않다. 마찬가지로 대화에 앞서 당신이 무엇을 원하는지를 명확하게 정리하는 것이 중요하다.

그런 면에서 거시적인 결과를 상정해두고 자문자답을 통해 서서히 범위를 좁혀 들어가 핵심에 다가가는 대화 기법은 당신에게 많은 도움이 된다. 내가 원하는 것이 과연 무엇인지 아리송한 경우에도 이 방법을 적용하면 더욱 쉽게 자신의 의도를 파악할 수 있다.

내가 가진 진실한 마음을 더 많이 알게 되면 그만큼 자신을 더 많이 알게 된다. 자신에 대해 더 많이 알게 된다면 전에는 알지 못했던 인생의 목적과 의미를 구체적으로 찾아낼 수 있다. 그 방법은 다음과 같다.

첫째, 만남에서 내가 얻고자 하는 것은 정확하게 무엇인가?
둘째, 상대방이 내게 원하는 것은 무엇인가? 잘 모른다면 그것이 무엇일 거라고 생각하나?
셋째, 이번 거래에서 내가 받아들일 수 있는 한계는 어디까지인가?
넷째, 거래의 진행 과정에서 어떤 문제가 발생할 수 있는가?
다섯째, 나와 상대방은 그런 문제들을 어떻게 처리할 수 있는가? 그 문제를 긍정적인 방향으로 바꿀 수 있는가?
여섯째, 어떤 결론으로 이끌어갈 것인가?

6장 유쾌한 대화 유쾌한 말

말을 하여 모든 의혹을 없애는 것보다는
침묵하여 바보라고 여겨지는 편이 낫다.
— 에이브러햄 링컨 —

질문은 소통의 도구로 꼭 필요하다

어떤 사람에게 질문을 받으면 친절한 표정으로 답변을 해주는 사람이 있다. 거꾸로 무응답으로 일관하고 무시해 버리는 사람도 있다. 후자의 경우엔 자신도 모르는 부분이라서 그럴지 모른다.

그런데 병원에 가보면 환자 대기실 같은 곳에서 진료에 관한 내용이나 기타 궁금 사항을 놓고 간호사에게 질문을 퍼붓는 환자들을 볼 때가 있다. 그러면 친절하게 응대하고 설명해주는 간호사가 있는가 하면 "이따가 의사 선생님께 물어보세요." 하며 매몰차게 답변을 자르는 간호사들도 있다.

질문에 답하는 요령에도 사람의 됨됨이가 나타난다. 여기서는 사람의 됨됨이를 얘기를 하는 것이 아니라 질문으로 소통의 기회를 만들 수 있는데 그것을 간과해버린다는 점을 거론하려는 것이다. 질문을 할 기회, 질문을 받을 기회를 놓처 불통의 계기를 만들어선 안 된다는 것을 말이다.

남에게 묻는다는 것은 자신이 모르는 부분을 상대를 통해 알려고 하는 행위이다. 그럼에도 질문하는 사람은 상대에게 얕잡아 보인다는 생각, 혹은 손해라는 생각으로 묻기를 싫어한다. 그러면서 남에게 가르치려드는 경향을 갖는다.

상대가 모르는 분야를 계속해서 질문을 하는 것은 결례가 될 수 있지만, 상대가 알 만한 범위 내에서 질문하는 것은 결례가 아니라 상대의 자존심을 세워주는 것이다.

가르쳐주는 입장이 되었다고 생각해 보라. 누구라도 어깨가 으쓱해질 것이다. 따라서 당신이 논쟁의 현장에 있다면 상대에게 한수 지도해 주기보다는 모르는 것을 묻는다는 입장에서 자주 질문을 던져라. 그리하여 논쟁에서 승리하는 길을 택하는 것이다.

"이 점에 대해 이런 궁금증이 생기는데 당신은 어떤 견해를 가지고 있습니까?"

"그렇다면 다른 문제는 전혀 없는 건가요? 그것으로 괜찮다는 말씀이지요?"

이처럼 질문을 하고 상대편이 말을 마구 쏟아내도록 만들어 막다른 골목으로 몰아간다. 그리하여 상대의 입에서 당신의 뜻과 비슷한 이야기가 나오면 흔쾌히 동조해 버린다.

"맞습니다. 저도 조금 전 선생님이 하신 말씀과 똑같은 생각입니다."

이렇게 상대편의 만족감을 이끌어내는 동시에 당신의 뜻을 관철할 수 있다. 그러면 당신은 시끄러운 논쟁을 일으키지 않고 승리를 하는 셈이 된다. 설사 상대방 입에서 당신이 기대한 말이 나오지 않더라도 실망할 필요는 없다. 상대방과의 논쟁을 피함으로써 다음번 기회를 노릴 수 있게 되었기 때문이다.

이처럼 질문을 하고 질문을 받고 하는 것이 소통의 첫 단계임을 새겨야 한다. 질문은 상대와 대화를 통해서 이루어지는 소통의 첫 단계로 접어들었음을 보여준다.

 여기서 잠깐만~!

상대의 일과 취미 등에 대하여 질문한다
상대에게 관심을 가지고 있다는 것을 보여주는 것으로 상대의 취미나, 하고 있는 일 등을 이야기하며, 어려운 점을 들어주는 것이 좋다.

딱딱한 분위기에는
재치 있는 말로 반전을 꾀하라

미국 레이건 대통령은 재임 중에 난감한 질문을 퍼붓는 기자들에게 그만 화가 나서 혼잣말로, 'Son of bitch!'라고 욕을 했다. 귀 밝은 기자들이 이 말을 그냥 넘길 리가 없었다. 그들은 대통령이 기자에게 욕을 했다는 항의 표시로 레이건을 비꼬는 뜻의 'SOB'라는 글씨가 큼직하게 새겨진 셔츠를 선물했다.

촉각이 곤두선 가운데, 모두 레이건 대통령의 기자 회견만을 기다렸다. 레이건이 기자들에게 어떤 말을 하느냐에 따라서, 레이건은 언론의 공격 대상이 될 수도 있는 터였다. 그러나 기자 회견 당일, 레이건은 빙긋 웃는 얼굴로 단상에 서서 자신에게 집중하는 기자들을 향해 이런 이야기를 했다.

"SOB라는 글자는 당연히 Saving of Budget(예산 절약)이라는 뜻이겠지요? 여러분들의 각별한 충고, 늘 염두에 두고 정책을 펼치겠습니다."

어떤 집단에서든 사람 사이에 의견 충돌이나 마찰이 생길 수 있기 마련이다. 그리고 어떠한 사람이든 비난이나 구설수에 주인공이 될 수도 있다. 그러한 때 유머 감각을 발휘하여 자연스럽게 위기를 모면할 줄 아는 사람이야말로 재치 있는 사람이다.

아인슈타인 박사가 상대성 이론을 발표하여 세계적으로 이름을 떨치자 미국의 여러 대학에서 강연을 부탁해 왔다. 아인슈타인은 바쁜 와중에도 뿌리치지 않고 이 대학 저 대학을 다니며 강연을 했다. 30회 이상의 강연을 한 어느 날, 운전 기사가 아인슈타인에게 이런 제안을 했다.

"박사님. 저도 상대성 원리에 대한 강연을 30번이나 들었기 때문에 이제는 모두 암송할 수 있게 되었습니다. 박사님은 연일 강연하시느라 피로하실 텐데 다음 번에는 제가 박사님을 대신해서 강연하면 어떨까요?"

그러자 아인슈타인은 무슨 생각을 했는지 순순히 그 말에 응했다. 다음 대학에 도착하기 전에 둘은 옷을 바꿔 입었다. 이때부터 박사가 운전을 하고 뒷좌석에는 운전사가 앉았다.

가짜 아인슈타인의 강연은 훌륭했다. 말 한 마디, 표정의 움직임까지도 진짜 아인슈타인과 흡사했다. 성공적으로 강연을 마친 가짜 아인슈타인은 많은 박수를 받으며 연단에 내려오려고 했다.

그런데 바로 그때 문제가 생기고 말았다. 학식이 높은 교수 한 사람이 질문을 한 것이었다. 가슴이 '쿵' 하고 내려앉는 사람은 가짜보다 진짜 아인슈타인 쪽이었다. 운전사 복장을 하고 있으니 나서서 질문에 답할 수도 없는 노릇이었다. 그런데 단상의 가짜 아인슈타인은 조금도 당황하지 않고 오히려 빙그레 웃으며 대답했다.

"아주 간단한 질문이군요. 이 정도는 제 운전사도 답할 수 있습니다."

그러더니 진짜 아인슈타인을 향해 소리쳤다.

"어~ 여보게, 이 분의 질문에 대해 어서 설명을 해 드리게나."

그 말에 진짜 아인슈타인은 의아해하는 청중의 눈길 속에서 안도의 숨을 내쉬면서 질문에 대한 설명을 해나가기 시작했다.

사람들과 이야기를 하다 보면 간혹 상대방이 무심코 내뱉은 말에 당황하여 진땀을 흘리는 경우가 적지 않다. 별 생각 없는 상대의 질문에 적당한 대답을 찾지 못한 경우라든가, 대답하기 난처한 상황일 경우 여간 곤혹스러운 것이 아니다. 이런 때 필요한 것이 바로 재치 있는 말 한 마디다.

　재치 있는 말은 위기를 기회로 만든다. 적절한 때 재치를 부릴 줄 아는 사람은 자신을 지키는 무기를 지닌 셈이다.

 여기서 잠깐만~!

아는 것도 모르는 척 물어 본다
비록 자신이 아는 이야기라고 하더라도 상대에게 말할 기회를 주고, 그렇게 해서 시작된 대화에서 약간의 조예를 보여준다면 그 겸손함은, 당신의 첫인상이 될 것이다.

유쾌한 수다로 기분을 전환하라

잡담은 내용이나 사용 시간, 장소, 방법을 어떻게 활용하느냐에 따라 그 효과가 천차만별이다. 그러므로 다음과 같은 세 가지를 주의하지 않으면 안 되겠다.

첫째, 잡담을 할 때는 타이밍을 잘 맞추어야 한다.
상대가 평소에 몹시 부지런히 일하는 사람인데 골프같이 한가한 이야기를 꺼낸다면 센스 없는 사람이 된다. 그런 때는 시간을 쪼개 쓰는 방법 등 실용적인 화제가 어울린다.
둘째, 장소에 맞는 이야기를 해야 한다.
각계각층의 사람들과 어울리는 자리에서 사적인 계약 이야기를 꺼낸다면 상대는 어처구니가 없어 할 것은 분명하다. 공과 사를 명확히 하는 습관이 필요하다.
셋째, 상황에 맞는 화제를 선택해야 한다.
야구장에서는 야구 선수의 이야기를, 서점에서는 책에 대한 이야기를 하는 것이 무엇보다도 자연스럽지 않겠는가. 그로써 당신은 상대에게 편한 사람이 될 수 있다.

이와 같은 잡담의 화제는 상대편으로 하여금 늘 '새롭다'는 느낌을 주어야만 한다. 얼굴만 마주치면 한다는 이야기가 아침 신문에 나온 뻔한 이야기뿐이라면 누군들 지겹지 않겠는가.

테러리스트에 대한 화제가 나왔다면 테러리스트에서 국회의원까지 된 인도의 여자 정치인 이야기를 슬쩍 거론하여 단순한 테러라는 주제를 영화, 영화 사업, 기타 사업 등으로 자연스럽게 국면을 전환시킴으로써 자신을 슬그머니 대화의 주체로 부각시키는 지혜가 필요하다. 이런 센스는 자신의 이미지를 긍정적으로 보이게 하는 놀라운 효과를 발휘한다.

화제의 개발은 평소에 사람들과의 폭넓은 교제를 통하여 개발하는 것이 좋다. 그것은 말하기 위해 들어야 한다는 말이다. 가능한 한 여러 분야의 사람들과 만나 체험이나 전문 분야의 특징, 성공 사례 등을 들은 다음 상황에 따라 응용하도록 하자.

무엇보다 제일 좋은 화제는 자신이 몸과 마음으로 느껴본 경험이다. 그중에서도 고급 경험을 얻으려면 일정한 투자를 아끼지 말아야겠다.

책을 읽고, 영화를 관람하며, 특별한 자기만의 스포츠를 하려면 돈이 들게 마련이다. 성공하는 사람들은 이런 투자를 아까워하지 않는다. 왜냐하면 우선 자신의 정신을 살찌우고, 그 과정에서 남다른 생각이나 아이디어를 창출할 수 있기 때문이다.

사람의 무게는 실로 잡담에서부터 드러난다. 다양한 화제와 분석으로 분위기를 리드하는 사람이 다른 방면에서 리더의 위치에 있다는 점을 명심하기 바란다.

 여기서 잠깐만~!

상대방을 설득하는 요령

* 상대방이 왜 나의 말에 동의하지 않는지를 알아야 한다.
* 논리적인 설명으로 왜 하지 않으면 안 되는지에 관해 이야기한다.
* 그 일이 왜 꼭 필요한 것인지에 대해 간결하고 자신 있게 말할 수 있어야 한다.
* 상대로 하여금 '정말 그렇구나.'라고 느끼게 만들어라.
* 이성과 감성의 적절한 줄다리기가 설득의 키워드다.
* 상대를 설득해 내 편으로 만들 수 있다는 확신이 없으면 일은 진행되지 않는다.

호소력 있는 질문이
상대의 마음을 끈다

상대의 이익에 관한 이야기는 강력한 호소력을 지닌다. 상대편과 아무런 이해관계가 없다면 당신의 말에 그다지 관심을 기울이지 않게 된다.

"이 일이 선생님의 사업과 무관하다고 볼 수 없을 것입니다."

"이번 일만 도와주신다면 저의 능력과 힘을 사장님께 쏟아 부을 수 있을 것입니다."

상대의 이익과 연관될 말이므로 상대는 소홀히 들을 수 없다. 그리고 맞장구를 치는 것 말고도 상대의 흥을 돋우는 말을 하는 것이 좋다.

"어제 우리는 6시간 동안이나 볼링을 쳤어요."

"6시간 동안이나요?"

"이 티셔츠가 얼만 줄 아세요? 단돈 만 원이랍니다."

"만 원이오? 세상에 난 몇만 원짜린 줄 알았네."

"그래요, 예상 밖으로 싸지요?"

"싸다마다요. 다음번에 그곳에 갈 때 저도 데리고 가주세요."

상대의 말을 반복해 주는 것이다. 상대 말을 반복하는 효과는 의외로 크다. 당신이 상대의 말을 잘 듣고 있다는 표시이기도 하고 감탄의 표시이기도 하다. 방법은 쉽다. 상대의 말 중에서 중요한 포인트를 짚어 말을 반복해 주면 된다.

"이번 설악산 여행은 너무 멋졌어?"

"설악산이라고?"

"현우에게 내가 그 이야기를 해주었어."

"현우에게?"

이 정도만으로도 상대의 말은 끊이지 않고 다음 순서로 넘어간다. 반복의 말을 할 때 감정을 집어넣거나 표정도 달라지면 훨씬 효과적이다. 이것은 당신이 진지하게 듣고 있다는 표현이기도 하다.

> 👍 **여기서 잠깐만~!**

바른 말 제대로 못 하고 과잉친절 베푸는 사람

남 듣기 좋은 소리는 쉽게 할 수 있다. 그러나 그의 단점을 충고해 주기는 쉽지 않다. 도리어 '넌 얼마나 잘나서 가르치려 드느냐.'라는 소리를 듣게 될 것이 뻔하다는 생각이 들어 나서서 이런 말을 하는 이도 드물다. 쓴 약이 몸에 좋다는 말이 있지만, 상대가 나의 말을 어떻게 받아들일지 알 수 없으므로 몸에 좋은 쓴 소리를 못 한다. 그러다 보니 친절하고 자상한 역할만 하려 든다. 그런데 과잉친절을 베푸는 사람이라 해서 좋은 인상을 주는 것도 아니다. 지나친 친절은 자신감이 부족한 데서 온다. 무턱대고 하는 칭찬도 금물이다.

소중한 말과 의견은 메모하라

 음악가 슈베르트는 굉장한 메모광이었다. 그는 악상이 떠오를 때면 장소에 구애됨이 없이 기록하였다. 메모지가 없을 때는 손바닥이나 자신이 입고 있는 옷에 거리낌 없이 메모를 하기도 했다.

 한 번은 이런 일이 있었다. 식사를 하기 위해 슈베르트가 식당에 들렀다. 식사를 주문하고 음식이 나오길 기다리는 순간, 갑자기 악상이 떠올랐다. 마침 펜만 있고 메모지가 없었던 그는 식탁에 차려진 메뉴판에 악상을 적어 내려가기 시작했다.

 많은 음악 전문가들은 오늘날 슈베르트가 아름다운 음악을 후세에 남길 수 있었던 것은 그의 천재성이 아니라 바로 일생을 통하여 기록하는 습관에 있었다고 본다.

 아무리 머리가 뛰어난 사람도 서투른 솜씨로나마 기록하는 사람만은 못하다는 말이 있다(聰明이 不如鈍筆). 마찬가지로 화제를 풍부하게 하는 데에도 메모하는 습관만큼 좋은 것은 없다. 본 대로 들은 대로 그냥 지나쳐서는 이야깃거리를 만들어내기 어렵다. 열심히 관찰하고 그것을 기록해 두는 습관을 기른다면 화제는 풍부해지고 대화는 즐거워진다.

두 사람이 어떤 식당에 대해 이야기를 나누는 중이다.
"참 그 집 육수 맛은 일품이더군요. 저희들만 그런 게 아니라 함께 간 대부분의 사람들이 감탄을 금치 못하더라고요."
"그 정도입니까?"
"네. 계산을 치르고 나오면서 보니까 그 큰 식당이 손님들로 꽉 들어찼지 뭡니까? 그 근처에 갈 기회가 되시면 꼭 한번 들러보세요."
"네. 그 맛이 어떤지 저도 궁금하군요. 꼭 한번 들러봐야겠습니다."
이 정도의 대화만으로도 상대는 기분이 우쭐해질 수 있을 것이다. 그러나 한술 더 떠 메모지와 볼펜을 들고서 이렇게 말한다면 상대는 더욱 흔쾌해질 것이 분명하다.
"가만! 그 식당의 이름과 위치를 알려주시겠습니까? 잊어버리면 안 될 것 같아서 메모를 해두려고요."

이야기를 잘 듣는 것에다 메모까지 곁들인다면 상대는 자신의 말을 대단히 소중히 여기는 상대가 결코 싫지 않을 것이다. 그러므로 대화 중 중요한 대목이 나오면 메모를 해두자. 물론 메모를 하려면 그럴 만한 분위기가 마련되어 있어야 한다. 여러 사람이 몰려서서 잡담을 나누거나 회식자리에서 공연히 메모를 한다고 설쳤다가는 다른 사람들로부터 눈총을 받기 마련이다.

 여기서 잠깐만~!

대화의 침묵 시 부담감을 갖지 않도록 한다

낯선 사람과 이야기하거나 중대한 사안을 이야기하다 보면 대화의 침묵이 흐를 때가 있다. 이러한 침묵은 참석한 사람들을 당황하게 만든다. 그래서 어색한 분위기를 개선하기 위해 농담을 건네거나 오버하는 행동을 하는 사람도 있다. 대화 도중 발생하는 침묵은 자연스러운 현상이다. 이러한 현상이 어색해서 분위기를 띄우려다 보면 자칫 더 어색한 분위기로 끌고 갈 수 있다. 침묵에 부담을 느끼지 말고 자연스럽게 행동하도록 하자.

노인도 세 살 먹은 아이 말을 귀담아 듣는다

뛰어난 논객이 있다고 치자. 그가 아무리 논리정연하게 설명하더라도 누군가 들어주지 않는다면 공염불에 불과해진다. 상대방이 귀를 기울이지 않으면 모두가 헛수고다.

교사가 신명나게 강의를 하고 있어도 학생들이 졸고 있거나 딴청을 부린다면 강의 교사는 맥이 풀어진다. 또한 가게 주인이 고객들에게 신상품 장점을 아무리 설명하더라도, 소비자들이 들어주지 않으면 쇠귀에 경 읽기가 된다.

남의 말을 귀담아 듣는 것은 중요하다. 노인도 세 살 먹은 아이 말이라도 귀 담아 들을 필요가 있다고 했다. 그런데 화자가 말을 하고 있는데 아무도 그 말을 귀 담아 들어주지 않는다고 쳐보자. 어디 말할 기분이 나겠는가 말이다.

그렇다면 말을 하는 사람도 듣는 사람들의 구미를 당길 수 있는 미끼를 던질 줄 알아야 한다. 듣는 이의 태도를 뭐라고 할 것이 아니다. 그들이 솔깃할 만한 내용을 잘 조사해서 설명하는 노력이 필요한 법이다. 마치 옛날 약장수들이 재미있는 장기자랑으로 사람들을 불러 모은 뒤에 유창한 변설로 약을 파는 것과 마찬가지다.

무릇 손바닥도 마주쳐야 소리가 나는 법, 당신이 말을 잘해도 상대방이 긍정적으로 받아들여줘야만 그 말의 효과가 나타난다. 그렇다면 말의 효과를 높이기 위해서는 어떤 방법을 동원해야 할까.

대중 연설을 하는 자리에서나 일대일 대화에서나 듣는 사람들을 집중시키기란 쉬운 일이 아니다. 경청에 관한 한 사람들은 매우 보수적이다. 그들은 매일 귀에 익은 소리는 가감 없이 받아들이지만 새로운 목소리나 이야기에는 본능적으로 고개를 돌린다.

그 이유는 간단하다. 새로운 말을 듣기 위해서는 말하는 사람을 바라보아야 본다. 그리고 귀를 쫑긋 세워 무슨 말을 하고 있는지 의미를 떠올려야 한다. 이런 과정은 에너지를 써야 하는 소비적인 모습이다. 더군다나 몸도 한 곳에 고정되어야 하므로 쉽게 피곤해진다. 그러므로 세살 먹은 아이 말이라도 여든 노인이 귀 담아 듣는 것이 당연하지만, 말하는 사람은 들어야 하는 사람의 이런 상황을 충분히 감안해서 말을 준비해야 한다.

직장에서 상사에게 불려간 부하 직원의 모습을 한번 상상해보라. 상사들은 편하게 자리에 앉아서 근엄한 표정으로 자질구레한 잔소리들을 늘어놓는다. 그 앞에 선 부하 직원은 꼼짝도 하지 않고 그 이야기들을 들어야 한다. 그 고역이란 이루 표현하기조차 힘들다.

현명한 상사라면 그럴 때 눈짓과 몸짓으로 간단히 자신의 뜻을 설명해 자연스럽게 부하의 움직임을 유도한다. 자기 식대로 말을 계속한다면 지친 부하 직원은 경청은커녕 고문이 끝나는 시간만을 학수고대할 것이다.

이처럼 자신의 의견을 잘 전달하려면 알아둘 것이 있다. 먼저 듣는 이들의 수효나 연령, 성별의 비율, 직업, 지적 수준, 관심사들을 잘 파악한다. 그런 그들의 수준에 알맞은 화법을 구사해야 한다. 또 시간이나 주변 분위기, 내부 시설 등도 염두에 두지 않으면 안 된다.

 **여기서 잠깐만~!**

누구한테나 '당신에게만 하는 얘기'라고 말한다

누군가로부터 너와 나만의 비밀 이야기이니 절대로 아무에게도 누설하면 안 된다는 다짐을 받으면서 들어본 이야기가 있을 것이다. 하지만 바로 그 말을 하는 당사자야말로 비밀 폭로의 진원지가 될 확률이 가장 높다. 그는 비밀을 지키기보다 누군가에게 털어놓고 싶은 욕망이 큰 사람이다. '당신에게만 하는 얘기야.'라는 말을 들었으면 절대 그 사람에게 들은 이야기를 함부로 옮기는 실수를 하지 말아야 한다. 그 사람은 이미 그 말을 여러 사람에게 옮기고 다니고 있을지도 모른다. 그런데 구태여 그 비밀을 당신이 털어놓아야 할 이유가 없지 않은가. 비밀을 알게 되었으면 지킬 것이지 왜 폭로하고 싶어하는 걸까? 그것은 비밀을 알면서 입 다물어야 한다는 것이 부담스럽고, 오직 자신만이 혼자 그 비밀을 알고 있다는 사실을 자랑하고 싶은 충동을 억제하지 못하기 때문이다.

용서받고 싶다면
진정한 사과부터 하라

 외국인들은 길거리에서 잘못하여 옷깃만 스쳐도 "I'm sorry."라고 말을 건넨다. 타인을 배려하는 마음에서 생겨난 문화라고 볼 수 있다. 반면 우리나라 사람들의 입장에서 보노라면 길거리에서 어깨를 툭툭 부딪치거나 발을 밟혀도 별일 아니고 사과할 일이 아니다. 그래서 아무도 미안해할 필요를 느끼지 않는다. 오히려 '왜 어깨를 치고 지나가느냐'고 시비가 붙지 않으면 다행일 정도이다.

 누구나 실수할 수는 있다. 하지만 그것을 깨닫는 순간 바로 인정하고 사과하는 것이다.

"제 잘못이었습니다."

"저의 불친절이었습니다."

"한 번 더 재고를 했어야 했습니다."

"무례를 범해서 죄송합니다."

"제가 전혀 그럴 필요가 없었는데 친구들 앞에서 당신을 난처하게 한 것 같습니다."

"그런 행동은 하지 말아야 했습니다. 정말로 사과드립니다."

이렇게 곧바로 실수를 인정하고 사과한다면 상대방은 그 모습에서 오히려 진정성을 발견한다. 실수를 없었던 것으로 할 수는 없겠지만, 그것을 인정하고 반성하며 진심 어린 사과의 말을 건넴으로써 참답게 될 수 있다.

화려한 언어로 설득하는 것보다 상대방의 마음을 얻는 귀중한 미덕 또한 진정성이다. 그러니 명심할 것이 실수는 누구나 할 수 있으나 그것을 얼마나 빨리 진정으로 반성하고 사과하느냐는 용기 있는 자만이 가능하다는 것을. 마음에서 우러나는 사과를 하려면 대단한 용기가 필요하다

마음속으로 안정감을 가지지 못한 사람들은 사과를 할 수 없다. 대부분의 사람들은 사과를 하게 되면 자신이 연약하게 보일 뿐만 아니라 다른 사람이 자신의 약점을 이용할지 모른다고 두려워한다.

이렇게 생각하는 사람들은 실수를 저지르고도 자신의 행동을 정당화시키려고 안달을 부린다. 다른 사람의 잘못 때문에 자신이 잘못을 저질렀다고 합리화하는 것이다. 따라서 만일 이들이 사과를 해온다면 그것은 진심에서 우러나오지 않은 사과일 뿐이다.

진지한 사과는 다른 사람으로 하여금 신뢰를 느끼도록 만들어 준다. 그러나 같은 사과가 반복된다면 이는 불성실한 것으로 받아들여져서 신용에 불리한 영향을 미친다.

사람들은 의도적인 실수, 나쁜 취지, 나쁜 동기에 의한 실수, 실수를 덮어버리려는 오만한 변명 등에 대해서는 쉽게 용서하려 들지 않을 것이다. 명심할 일이다.

 여기서 잠깐만~!

선입관이나 편견 등을 갖지 않는다

이야기를 들을 때 선입관이나 편견 등을 가지고 상대의 말을 들으면 그 사람이 지금 나에게 말하고자 하는 바가 무엇인지, 지금 느끼고 있는 바가 무엇인지를 제대로 알 수 없게 된다. 그러므로 주관적인 판단은 철저하게 배제하고 상대의 입장에서 한 번 더 생각 할 수 있는 자세를 기르기 위해 노력해야 한다.

반대 의견을 마주하게 될 때는 침착해져라

한참 화제가 무르익어 가는 도중인데, 전혀 근거 없는 내용이나 터무니없이 허무맹랑한 이야기를 불쑥 꺼내는 사람이 있다. 더구나 전혀 다른 의견을 끝까지 고집하며 자신이 전하고 싶은 이야기를 끌어내는 상대도 있다. 그러면 듣고 싶지 않거나 차라리 큰 소리로 반박을 해버리고 싶다.

자, 그렇다면 당신이 먼저 나서서 터무니없고 근거 없는 이야기를 멈추게 하거나 자신과 다른 의견을 끝까지 고집하는 상대를 향해 자기 의견을 밀어붙일 수 있을까?

첫째, 다른 의견을 가진 사람의 말을 예상한다.

이야기 도중 자기 의견을 대안으로 제시하고자 할 때는 자신과 다른 의견을 가진 사람이 자신의 대안에 대하여 반론을 제기할 수 있다는 것을 미리 짐작하여야 한다. 따라서 반론이 제기되면 "그러한 점 또한 충분히 고려해 보았으나,

어떠한 점이 문제가 되었기 때문이 이것을(지금 의견을) 최선의 방법이라고 생각한다."라는 충분한 답변을 준비하고 있어야 한다. 그래야 끝까지 자기 의견을 고집하는 사람에게 '이런 대안이 있었음'을 설명해도 괜찮다.

둘째, 반론을 활용한다.

"이 실장님, 이렇게 하면 어떨까요?"

"하지만 그럴 경우 우리 쪽에 일정 부분은 손해가 생길 겁니다. 그런 손해를 감소하고 구태여 그러한 제안을 추진해야 하는 이유가 무엇입니까? 이득과 손실이 비슷한 비율로 이루어진다면 그것은 추진할 만한 가치가 없다고 판단되는군요."

이처럼, 논리적이며 합리적인 반론을 제기해오는 사람이라면 어떤 말을 하더라도 금세 자신이 생각하지 못했던 논리적 비약이 발생할 수 있다. 그러므로 상대가 논리적이고 합리적인 반론을 제기하는 사람이라면 될 수 있는 한 많은 경우의 수를 준비해 두어야 한다. 또한 언제라도 자신의 의견에 부족한 점이 있을 때는 상대의 의견을 조합하고 조율할 수 있는 자세를 갖추어야 하는 것이 필수적이다.

셋째, 논쟁과 흥분은 피할수록 이득이다.

논쟁을 하게 되면 감정적으로도 좋지 않을 뿐만 아니라 충분한 바탕이 준비되지 않은 사람이라면 아전인수가 되기 쉽다. 논쟁은 감정상의 문제를 더욱 뜨겁게 가열시키므로 가급적 필요한 요지 이외에 쓸모없는 논쟁은 피하는 것이 좋다.

넷째, 확고한 신념을 보인다.

자신이 제시한 의견에 대한 확고한 신념은 다른 사람으로 하여금 자신의 의견을 동조하고 믿게 하는 기본 소스가 된다. 자신의 의견에 확고한 신념이 없고, 자신감이 없다면 다른 사람 역시 그 의견의 성공 진의를 의심할 것은 당연하다. 그러나 그것이 너무 지나쳐 독단과 독선이 되어서는 안 된다.

 여기서 잠깐만~!

몇백 번 들은 이야기라도 다시 한 번 더 들어준다

우리는 대화를 하는 도중 상대가 같은 이야기를 여러 번 반복하는 것을 종종 듣게 된다. 그러나 한 번 들은 내용이라고 해서 상대가 말하는 도중에 그것을 면박을 주거나, 딴청을 피우면 상대가 말하고자 하는 바를 더 이상 잇지 못하고 무안해하기 마련이다. 사람과 사람 사이의 관계를 넓히기 위해서는 우선, 참고 들어주는 인내를 익혀야 한다.

비밀을 나눌 수 있으면 무엇이든지 나눌 수 있다

 가끔 다른 사람의 실수나 피치 못할 사정을 알게 되는 경우가 있다. 정작 당사자들은 드러내 보이고 싶지 않은 그 일들로 애면글면하고 있는데, 주변에서 그 일을 목격하거나 듣게 된 사람들이 공공연하게 발설해 버리는 경우도 많다.

 그렇게 남의 이야기를 일삼아 하는 사람이라면 더불어 말할 가치도 없는 사람들이다. 그런 사람들은 수틀리는 일이 있으면 언제라도 자신에게 칼을 들이 밀 사람들이다. 아무렇게나 남의 험담을 말하고 남들이 감추고 싶어 하는 비밀을 떠벌리고 다닐 사람들이다.

 우리는 가끔 남들이 모르는 비밀을 알게 될 때가 있다. 특히 업무상 알게 된 이야기는 비밀을 지켜야 한다. 남에게 신뢰를 받으려면 말과 행동이 일치해야 하고 또 비밀은 굳게 지킬 수 있어야 한다. 특히 남자라면 더욱 입이 무거워야 하는 것이다.

"저 사람에게 말을 하면 소문이 퍼진다."

이와 같은 평판이 나면 누구라도 그 사람을 경계하게 된다.

반대로 '저 사람에게는 무슨 말을 해도 비밀이 지켜진다.'라고 인정을 받는다면 신용이 높아지고 다양한 정보가 들어오게 된다.

개중에는 이런 사람도 있다. "이건 너한테만 하는 말이야. 누구도 모르는 일이니까 절대로 다른 사람에게는 말하지 마."라고 하면서 이야기를 들려준다. 하지만 정작 그렇게 말한 사람이 여기저기 이야기를 다 흘리고 다니며 말을 퍼뜨리는 경우가 더 많다.

비밀이란 들은 즉시 입을 다물어야 한다. 특히 상대가 비밀을 지켜달라고 부탁하는 말은 어찌 되었든 간에 절대로 입 밖으로 내어서는 안 된다. 가톨릭 교회에서 행하는 고해성사에도 고해신부는 신자가 바치는 죄의 고백을 절대 입 밖에 내지 않는 것을 원칙으로 한다. 신의 대리인으로서가 아니라 한 인간의 비밀을 신 이외에는 절대 다른 사람에게 발설하지 않는 것이 그들이 지켜야 할 신의이다. 그 죄의 고백이 살인이란 범죄를 저지른 경우라도 절대 말하지 않는 것이 원칙이다.

이처럼 여하한 경우가 아니라면 남의 비밀을 알게 되었

을 경우 그 비밀을 지켜주는 사람이란 그만큼 신용의 정도가 높다는 것을 의미한다. 그런 사람들은 주위에서 입이 무겁다며 신중한 사람이란 평판을 듣고 있다.

사람들은 대화를 해나가는 동안 상대방의 인간성을 꼼꼼히 체크한다. 자신이 마치 조직 속에서 중요한 인물이나 되는 듯이 말하고 비밀스러운 말을 거리낌 없이 얘기하는 사람이 있다면 그는 조만간 사람들로부터 거리를 두어야 하는 외로운 사람으로 전락하고 말 것이다.

겉으로는 사람들이 그에게 이렇게 말할지 모른다.

'그러세요?'

'재미있네요.'

'그래서 어떻게 되었어요?'

'과연 ○○ 씨는 정보통이군요.'

하지만 속으로는 '이 사람과 일을 함께 해서는 안 되겠다.', '이 사람과는 어떤 정보도 공유해서는 안 되겠어.' 라고 다짐을 하게 될지도 모른다.

 **여기서 잠깐만~!**

상대방의 자랑을 들어주는 사람이 되어야 한다

사람이란 자랑하기를 좋아한다. 누구나 남에게 자랑하고 싶은 사연 한두 가지는 가지고 있을 것이다. 그러므로 상대가 자기 자랑을 늘어놓을 때는, 가볍게 맞장구치며, 상대가 자랑하고자 하는 바의 내용을 살려주는 마음가짐을 가질 수 있어야 한다. 내 마음이 내키는 대로, 생각하는 대로 행동하면 상대와의 관계는 더 이상 진척을 얻을 수 없다. 상대가 자랑을 할 때는 역지사지(易地思之)의 정신을 살려 상대의 이야기에 공감해주는 법을 익혀라.

협상에는 당연히 화술이 우선 된다

국난의 위기에 처했을 때 뛰어난 협상으로 고려를 구한 역사적인 협상이 있다. 바로 서희의 거란족과의 담판이다.

거란이 정안국을 멸망시키고, 송나라를 공격하기에 앞서 고려를 침범하기에 이르렀다. 이때 고려 조정에서는 거란에 맞설 힘이 없으니 차라리 땅을 일부 떼어주자는 주장까지 등장하고 있었다.

이때, 거란의 방어를 담당하고 있던 중군사 서희는 왕에게 거란의 적장과 담판을 짓고 오겠다고 밝혔다. 거란의 적장 소손녕은 서희에게 다음과 같이 말했다.

"너희의 나라는 신라 땅에서 일어난 좁은 나라요, 우리는 고구려의 땅을 지키고 있는 사람들인데, 너희가 고구려 땅을 넘어와 군진을 펼쳤으니 고구려 땅을 침범한 것이 아니겠느냐. 또 고려는 우리 거란과 맞닿아 있음에도 불구하고 바다 건너 송을 섬기고 있지 않느냐? 이에 우리는 너희를 벌하고자 하는 것이다. 만일 고려가 우리에게 땅을 바치고 국교를 맺기를 원한다면, 전쟁을 취소할 수 있다."

그러자 서희는 이렇게 설득했다.

"천만의 말씀이오. 우리나라 백성들은 고구려 옛 땅을 터전으로 예로부터 지금까지 살아온 백성들입니다. 그래서 우리는 고구려의 기상을 닮고자 국명을 고려라 명하고, 고구려의 수도였던 평양에 도읍을 정하였습니다. 귀 장께서 땅의 경계를 논하시는데, 귀국의 동경도 예전에는 우리의 영역에 있던 땅인데 어찌하여 우리가 침범하였다고 하시는 것입니까? 그리고 고려가 거란이 아닌 송을 섬기는가라고 물으셨습니다. 고려가 거란을 섬기지 못하는 것은 여진이 가로막고 있기 때문이니, 우리의 입장을 헤아려 주셔야 합니다."

합리적인 주장을 펼친 서희의 협상 외교력 덕분에, 고려는 전쟁을 피할 수 있게 된다.

이처럼 협상에 있어서 자신의 주장을 논리정연하게 밝히고 상대방을 설득시키는 것은 무엇보다 중요하다. 제대로 협상을 성사시키려면 무엇보다 설득을 잘 해야 한다. 또한 상대편의 주장을 열린 마음으로 받아들이고 이해하는 것도 무엇보다 필요하다.

이때는 상대를 위한 양보도 협상의 한 조건이다. 양보란 무조건 내 것을 마다하는 것이 아닌 상대의 이익과 자기의 이익을 전제로 한 쌍방의 양보야말로 협상의 필수 불가결한 요소이다. 그런데 협상에서 양보란 한마디로 서로가 잘 말하고 서로가 잘 듣는 것이기 때문에 원활한 협상을 진행시키는 기초 조건이 된다.

  말 잘하는 사람은 협상도 잘하는 법이다. 전하는 내용이 분명하지 않으면 듣는 사람은 상대가 말하는 바가 무엇인지 이해하지 못할 뿐더러 상대에 대해서도 좋은 이미지를 가지기가 어려운 법이다.
  인생을 살아가는 동안 우리들은 수많은 협상의 순간을 만나게 된다. 이때 자신 있게 자신의 주장을 펼쳐라. 말하는 순간, 협상의 절반은 시작된다.

👍 **여기서 잠깐만~!**

협상에서의 화술 테크닉!

나와 다른 입장을 가지고, 나와 다른 이익을 추구하는 사람에게 어떻게 말을 해야 신뢰를 얻고, 협상을 성사시킬 수 있을까?

* 정성을 들여 말을 해야 한다.
* 상대의 말을 끝까지 진지하게 경청한다.
* 여유 있는 화법을 구사한다.
* 자신감 있게 말한다.
* 핵심적인 부분만 요약해서 말한다.
* 논쟁은 피한다.
* 반론 제시 또한 기술이다.

말 잘하는 사람들의 특징

말 잘하는 사람들에게는 다음과 같은 몇 가지 공통점이 있다.

첫째, 모든 일을 전혀 다른 시각으로 바라본다. 아주 익숙한 것일수록 남들이 생각하지 못한 방향으로 해석하는 것이다.

둘째, 누구보다 폭넓은 시야를 가졌다. 그래서 그들은 일상생활을 벗어난 다양한 영역에 관심을 갖고 관찰하며 사람들과 토론을 즐긴다.

셋째, 그들은 열정적으로 대화에 임한다. 자신의 일뿐만 아니라 남들이 하는 이야기에도 열정을 기울인다. 그것은 결코 가식이 아니라 진심이기에 사람들에게 감동을 준다. 그들은 대화를 즐기고 자신의 열의를 사람들과 공유하고 싶어 한다.

넷째, 그들은 언제나 자기 자신에 관해서만 말하려 들지 않는다. 사람들은 당신만이 아니라 자신들의 이야기도 하고 싶어 한다. 그러므로 상대방에게도 대화에 참여할 기회를 주어라.

"당신이라면 어떻게 행동하겠습니까?"

"요즘 생활은 좀 나아지셨습니까?"

이런 질문들은 상대방의 갈증을 해소해 주는 보약과 같은 말이다.

다섯째, 유달리 호기심이 많다. 그래서 '왜 그렇습니까?', '어떻게 생각하십니까?'라는 질문을 자주 한다. 그리하여 당신이 그 질문에 응답하면 그들은 좀 더 많은 이야기를 듣고 싶어 한다.

여섯째, 상대방의 입장이 되어 생각하며 이해하려고 애쓴다. 가장 훌륭한 대화 상대는 함께 느낄 수 있는 사람이다. 새 옷을 샀다고 자랑할 때 '그랬어.'라는 무미건조한 대답보다는 '네게 참 잘 어울린다.'라고 칭찬해주는 사람과 대화를 하는 것은 참으로 즐겁다.

일곱째, 독특한 유머 감각이 있다. 그들은 자기 자신에 관한 농담에도 거리낌이 없다. 말을 잘하는 사람들은 자기 자신에 관한 이야기에 능숙하다. 일상생활에서도 유머는 활력소가 되지만 특히 대화에서는 유머가 없다면 무미건조해진다.

여덟째, 그들은 나름의 스타일을 가지고 말한다. 사람들은 누구나 자신만의 어투가 있고 특별한 경험이 있다. 그것을 말 속에 잘 녹여냈을 때 발언의 효과가 배가 된다. 또 그들은 격정적으로 소리칠 때와 입을 꾹 다물어야 할 때를 안다.

7장
한번 던진 말은 어디든지 날아간다

> 말은 파괴하거나 치유하는 힘을 갖는다.
> 진실하고 친절한 말은 세상을 변화시킬 수 있다.
> ― 붓다(Buddha) ―

상대방에게 좋은 대화 상대로 남기 위해서는

  이야기를 시작하기 전에 그 이야기가 어떤 이야기인지 미리 말하는 사람이 있다. 중요한 회의 안건이나 간결한 전달 사항을 말할 때는 무슨 이야기를 하는지 서두에 미리 전제하는 경우가 있지만 그렇지 않을 때도 있다.

"제가 재미있는 이야기를 한 가지 하겠습니다."

  이렇게 서두를 꺼내놓고 상대가 재미있다고 하는 이야기를 들어봤더니 그다지 재미가 없는 무미건조한 이야기였다.

"매우 중대한 사항이 있는데요."

"깜짝 놀랄 만한 일입니다만."

  그런데 듣고 보니 미리 알고 있었던 터라 중대한 일도 아니었다.

"참으로 안타까운 이야기를 한마디 하겠는데요."

  정말 안타까운 이야기도 아닌데 이처럼 미리 단정해 놓고 이야기를 시작하는 사람이 있다. 그러나 그것이 정말로 재미있거나, 중대하거나, 깜짝 놀랄 만하거나, 안타까운 이야기가 아니라면 공연히 실없는 사람이 되어 버릴 것이다.

감상을 미리 말하는 것은 상대와 대화에서 재미를 놓치는 결과를 가져온다. 가령 어떤 사람과 대화를 하고 나면 유쾌한 감정이 들 때와 불쾌한 감정이 들 때가 있다. 그것은 당신의 대화 상대가 누구였느냐에 따라 달라진다.

이와 같은 느낌은 상대방도 마찬가지로 느낄 수 있다. 따라서 당신이 상대방에게 좋은 대화 상대로 남기 위해서는 다음과 같은 사항 중 적어도 세 가지 이상을 준수할 수 있어야 한다.

첫째, 상대방의 말을 진지하게 경청한다.
둘째, 상대방이 쉽게 대답할 수 있는 질문을 한다.
셋째, 상대방이 자신을 자랑할 수 있도록 유도한다.
넷째, 얘기를 하는 동안 상대방의 관심은 당신이 아니라 그 사람 자신에게 있다는 사실을 이해한다.
다섯째, 당신이 이야기할 차례는 항상 상대방의 말 중간이 아니라 상대의 말이 끝난 후라는 것이다.

> 👍 **여기서 잠깐만~!**

말할 때 주의해야 할 태도

말하는 도중 호주머니에 손을 넣었다 뺐다 하면서 안에 든 것을 꺼냈다 넣었다 하거나, 단추나 옷자락 또는 넥타이를 만지작거리거나, 자신의 귀, 코, 이마, 턱 등을 습관적으로 만지거나 머리를 쓰다듬는 등의 행동은 듣는 사람이 이야기에 몰입하는 데 전혀 도움이 되지 않을 뿐더러 방해만 되는 나쁜 버릇이다. 이 가운데 나한테 해당하는 나쁜 버릇은 어떤 것이 있는지 생각해보자.

난 당신을 이해해!
이런 태도를 보여라

　대화를 하는데 상대의 얼굴이 일그러져 있거나 심각한 모습을 보이면 일단 분위기 파악부터 해야 한다. 눈동자에 힘이 들어가 있고 씩씩대며 분을 못 참거나 화가 나 있다면 분명 그에게 무슨 문제가 있다고 보아도 좋다. 아니면 말을 하는 당신에게 어떤 불만을 가졌을지도 모른다.

　이때에는 당신이 나서서 그를 설득하려고 해도 쉽사리 풀리지 않는다. 어떠한 논리적 말로 그를 설득하려 해도 소용이 없다. 차라리 상대가 왜 그렇게 불만에 차 있는지 무엇 때문에 반대를 해오는지 그 이유를 충분히 알겠다는 표정을 지어보는 거다. 또 속속들이 그의 심리 상태를 이해한다는 듯한 태도를 보여주는 것이 중요하다.

　상대가 나타내는 빈정거림, 반대의 말, 조소에 가까운 웃음조차도 이해할 수 있다는 표정을 지어보는 것이다. 지금 그가 왜 그런 태도를 보이는지 진심으로 이해하고 있다는 무언의 표시를 먼저 보내는 것이다. 그런 상대에게 화를 내면 당신만 손해가 된다.

"그래요, 저는 당신이 화를 내는 이유를 알 것 같아요."
"그래요. 누구라도 지금처럼 말하면 기분이 나쁘겠죠. 저는 당신의 심정이 어떻다는 것을 알아요."

이런 태도를 보이는 것이다. 굳이 말로 할 필요는 없다. 이러한 심정을 얼굴에 담아 상대에게 보이는 것이다. 이때, 절대로 상대를 깔보거나 비웃는 듯한 표정을 지어서는 안 된다.

다정다감하고 이해심 많은 얼굴 표정을 지음으로써 상대의 분기가 한풀 꺾이기를 기다리는 것이다. 그다음 당신은 그 사람이 왜 그처럼 화가 나 있는지, 왜 그가 심하게 반대를 하는지를 생각하면서 지금까지 말한 그의 의견을 다시 한 번 검토하는 시간을 가져야 한다. 사람의 감정이란 받아들이고 이해해 주면 더 이상 나빠지지 않는다. 상대가 불만에 차 있다는 것을 이해해 주는 것만으로도 상대는 한 풀 기세가 수그러들 것이다.

혹독한 반대자나 과격한 비평가들이 성난 말을 쏟아 내고 있을 때라도 당신이 그들의 말에 귀를 기울이고 있으면 그들의 분노는 억제되고 부드러워진다. 그런 사람들을 움직이는 유일한 방법은 그들의 편에 서서 생각하고 또 그들의 이익을 위해 함께 염려해 주는 것이다.

 여기서 잠깐만~!

먼저 실수들을 사과하라

당신의 잘못이 명백할 때는 상대의 분노가 폭발하기 전에 당신이 먼저 사과를 해야 한다. 그렇게 되면 상대의 부풀려진 화는 줄어들 것이다. 아무리 바보 같은 사람이라도 자기변명은 할 수 있다. 그러나 대개 어리석은 사람들이 이런 짓을 한다. 솔직히 자신의 잘못을 인정하는 것은 자신의 가치를 끌어올리고 스스로를 고결하게 만드는 작업이다.

나의 상징, 트레이드마크를 내세워라

요즘 TV 개그 프로그램을 보면 특이한 말투나 행동으로 시청자를 웃게 만드는 개그맨들이 많다. 어떤 개그맨은 뚱뚱해도 그것이 흠이 되지 않는 그만의 스타일로 인식되고, 어떤 개그맨은 키가 작은 것을 희화시키며 즐거움을 던져주고, 묘한 말투로 배꼽 잡게 만드는 개그맨도 있다. 모두 그들만의 독특한 스타일을 매력으로 만들어내는 것이다.

누군가를 떠올리면 가장 먼저 생각나게 할 수 있는 특징을 내세울 수 있어야 한다. 나만의 상징인 트레이드마크를 만드는 사람은 주위 사람들에게 금방 인식되고 잊혀지지 않는다. 여러 사람들을 접하는 직업을 가졌거나 사람들 앞에 나서서 무슨 일을 해야 되는 사람이라면 자신을 상징할 수 있는 트레이드마크를 가져야 할 것이다.

이와 마찬가지로 말을 잘하는 사람들에게도 공통적인 특징이 있다. 바로 자신만의 트레이드마크가 있다는 것이다.

고 김대중 전 대통령의 경우, 말머리 부분에 '에~' 라고 하는 어투가 국민들에게 인기 있는 그의 트레이드마크였었다. 그와 마찬가지로 목소리가 시원하고 크다든지, 말을 하면서 자신만의 독특한 제스처가 있다든지 하는 개개인의 트레이드마크는 사람들에게 자신은 물론 자신의 말까지 기억하게 만드는 중요한 수단이 된다.

한 번 보고 잊히는 사람이 될까, 아니면 한 번 보아도 기억에 남는 사람이 될까 모든 것은 자신의 선택이다.

예전 인기 코미디언 '박경림'의 경우만 보아도 그러하다. 허스키한 목소리와 네모난 얼굴이 그녀의 트레이드마크이자, 인기 비결 중 하나였다. 사람들은 그녀를 허스키한 목소리와 네모난 얼굴로 기억했다.

가장 먼저 자신의 이미지를 떠올릴 트레이드마크를 가진 사람은 다른 이들에게 오래 기억된다. 그것은 그 사람을 기억하는 하나의 상징적 부호가 된다. 사람들은 그 상징적 부호를 통해 상대방을 기억하며, 그 사람의 전체적인 이미지를 그려낸다.

이와 같은 자신의 트레이드마크를 잘 만들기 위해서는 다음 몇 가지를 유의해야 한다.

1. 목소리를 잘 가꾸어야 한다

목소리 또한 외모처럼 가꾸기 나름이다. 방송국의 성우들은 한 편의 프로그램을 위해 24시간이 모자라게 연습을 한다. 그들의 목소리는 타고나는 것도 있지만, 대부분 피 땀 나는 노력으로 가꾸어 낸 것이다.

2. 대화를 할 때 특징적인 제스처를 구사해야 한다

마치 움직임 없는 몸짓, 굳은 표정으로 목소리의 변화만 있다면 대화를 듣는 상대방은 어떨까. 꼭 라디오 프로그램을 청취하는 기분이다.

3. 얼굴 표정의 관리 또한 중요하다

슬프고 비장한 이야기를 하면서 얼굴 표정은 밝다거나, 기쁘고 즐거운 이야기를 하면서 얼굴 표정은 침울하다면 듣는 사람은 상대가 말하고자 하는 바가 무엇인지 심각한 혼동을 일으킬 것이다. 진지한 이야기를 할 때는 표정 또한 엄숙해져야 하며, 가벼운 이야기를 할 때는 얼굴에 밝은 미소를 머금어 주는 것이 좋다.

4. 옷차림도 전략이다

진지하게 토론하는 자리에 편안한 티셔츠 차림에 청바

지를 입고 왔다면 진지한 분위기는 흐트러진다. 마찬가지로 가볍고 웃음이 넘쳐나는 자리에 딱딱한 정장을 입고 참석한다면 그것 또한 그 자리에 분위기를 맞추지 못하는 것이다. 이처럼 옷을 차려 입는 감각 또한 대화를 나누기 위한 하나의 전략이다. 옷차림은 단순히 멋을 내는 것에서 그치지 않고 한 개인의 성품과 개성을 알리는 매개체 역할도 한다. 사람들은 흔히 그 사람의 첫인상을 그 사람의 얼굴과 목소리 그리고 그 사람의 차림새를 보고 평가하기 마련이다.

 여기서 잠깐만~!

링컨의 턱 수염

우리는 링컨 대통령을 기억할 때 그의 덥수룩한 턱 수염을 트레이드마크처럼 기억하고 있다. 그러나 정작 그가 턱 수염을 기른 것은 겨우 4년 남짓이었다. 그가 턱 수염을 기르기 시작한 이유는 한 소년으로부터 편지를 받고 나서였는데, 소년의 편지에는 링컨이 턱 수염을 기르면 아주 멋있을 것이라는 글귀가 적혀져 있었다.

이때는 대통령 선거가 무르익어 가는 때였다. 링컨은 소년의 편지를 읽고 난 후 자신의 이미지 메이킹을 위한 하나의 전략으로써 턱 수염을 기르기로 결심했다. 결국 그 턱 수염은 마침내 링컨의 트레이드마크가 되었고, 후세의 사람들은 링컨 대통령 하면 가장 먼저 덥수룩한 턱 수염을 떠올리게 된 것이다.

말싸움을 했더라도 헤어질 땐 웃어라

콜럼버스는 서인도 제도를 발견하기까지 18년 동안이나 왕실과 귀족의 저택을 찾아 다녔다. 그동안 그는 수없이 많은 '안 돼.'라는 말에 부딪쳤다. 그러나 그는 화를 내지 않고 인내심을 가지고 설득을 계속한 끝에 마침내 바다 저쪽으로 항해할 대 선단을 얻어냈다.

콜럼버스는 미지의 대륙을 향한 소신 있는 언행을 보였어도 수많은 반대 세력들의 통제로 제동이 걸렸지만, '콜럼버스의 달걀'로 대변되는 투지와 용기를 보임으로써 지금까지도 인류 역사를 개척해낸 위대한 탐험가로 조명되고 있다. 그가 거센 저항들에 굴복했더라면 신대륙 발견의 역사는 한참 뒤로 물러났을 것이다.

어떤 일을 추진하다가 타인의 비난에 직면하면 사람들은 두 가지 가운데 한 가지의 반응을 나타내기 마련이다. 그중 하나는 즉시 일을 중단하고 비난에 맞대응함으로써 자신의 귀중한 시간과 에너지를 아낌없이 소비하는 것이다. 또 하나는 일의 결과가 모든 것을 말해준다는 생각으로 하던 일에 가일층 노력을 쏟아 붓는다.

말도 마찬가지이다. 우리는 대화가 안 풀리면 화를 내고 상대를 원망하다가 자리를 박차고 일어서기 일쑤이다. 그러나 노여움을 겉으로 드러내서 얻을 수 있는 것이란 아무 것도 없다.

콜럼버스가 신대륙을 향한 대 선단을 내주지 않으려는 반대 세력에 부딪쳐서 자리를 박찼더라면 아무 일도 일어나지 않았을 것이다. 마찬가지이다. 대화가 안 풀려 불쾌한 상황을 맞더라도 인내심을 발휘해 쾌활한 표정으로 상대와 헤어지면 다음번에는 의외로 일이 순조롭게 풀려나간다. 원하는 것을 얻지 못했더라도 웃음을 잃지 않는 것은 다음 기회를 위한 좋은 담보물이 된다.

당신은 대화가 어떤 결과를 가져왔더라도 끝에 가서는 상대에게 감사해 하는 표정으로 헤어져야 한다. 돈을 빌리러 갔다가 거절을 당했다고 하더라도 상대가 시간을 내어주고 내 이야기를 끝까지 들어준 것을 감사해야 한다. 이를테면 다음번에 다시 이야기를 할 수 있도록 길을 터 놓는 것이다.

처음에는 반갑게 인사를 하다가 헤어질 때는 대충 헤어지거나 얼굴을 붉히며 헤어지는 경우가 종종 있다. 그럴 때는 상대에게 기만당한 느낌을 지울 수가 없다.

대화도 마찬가지다. 처음에 반가웠으면 도중에 대화가 어떻게 진행되었든지 간에 끝은 잘 마무리할 필요가 있다. 그 사람과 다시 만났을 때 좋은 감정으로 대화의 물꼬를 트기 위한 한 방편이다. 상대와 개운치 못한 관계로 끝났다면 사과를 하고 상쾌한 기분으로 헤어지는 것이 결국은 자기를 위한 것이 된다.

 여기서 잠깐만~!

결론을 먼저 말하고 이야기에 살을 붙인다
질문에 대한 답변은 결론부터 말한다. 너무 길게 대답하면 핵심을 전달하기 어렵다. 또한 업무의 신속성이 떨어진다고 판단될 수 있다.

말로써 당당해져라, 행동으로 머뭇거리지 마라

사회생활을 하는 사람이라면 누구보다도 말로써 당당해지고 싶어한다. 우물쭈물 말도 못 하고 자기표현에 능숙하지 못하면 사회생활이 어려워진다. 성격 탓이라고 돌릴 일이 아니다. 어렵더라도 그것을 바로잡도록 노력해야 한다. 그래야 사회라는 틀 안에서 자기 위치를 정리할 줄 알게 된다.

누구든 정치가들이나 종교 지도자들처럼 남들 앞에서 당당하게 자신의 의견을 발표하고 싶어 한다. 그렇지만 그것이 생각처럼 쉽게 되지 않는 것이 문제이다. 많은 사람들 앞에만 서면 눈앞이 캄캄해진다. 오금이 저린 나머지 머릿속까지 백짓장처럼 하얗게 되어 버린다. 그래서 준비한 내용을 더듬더듬 읽는다든지, 자신이 대체 무슨 말을 했는지조차 모르는 채로 무대에서 퇴장하곤 한다.

요즘 비즈니스맨들은 프레젠테이션, 아침 회의 등 여러

사람 앞에서 말해야 할 때가 많다. 그런 기회에 유창한 화술을 발휘하여 자신의 능력을 보여주고 인정받을 수 있다면 얼마나 좋을까. 하지만 대부분의 비즈니스맨들은 그런 자리를 피하려 애쓴다. 남 앞에 나설 용기와 자신감이 없어서이다.

남 앞에 나서는 용기는 자신 안에서 키워져야 한다. 그러려면 자신을 향한 자신감을 키우고 내적으로 긍정적인 태도를 가꾸는 것이 먼저다. 우리가 남 앞에 나선다는 것은 그들 앞에서 노래를 부르거나 춤을 추는 재능을 보이는 것이 아니다. 떨리지 않고 말로써 자기를 표현하는 것이다. 용기를 갖고 도전하기만 하면 화술이란 그리 어려운 것이 아니다. 끊임없는 자기 암시와 착실한 준비, 경험 등을 총동원하면 눌변가에서 달변가로 변신하는 것은 그리 오래 걸리지 않는다.

낯선 사람들 앞에서 긴장하는 것은 사람의 본능이다. 이럴 때의 긴장은 나뿐만이 아니다. 그들 역시 마찬가지이다. 그렇게 피차일반이라는 여유를 가진다면 마음이 좀 편안해질 것이다. 아무리 수영을 못 하는 사람도 자주 풀장에 가서 몸에 물을 적셔보면 물이 두렵지 않고 조금씩 앞으로 나아갈 수 있는 것과 마찬가지다.

긴장이란 좋은 자극제일 뿐 결코 장애물이 아니라고 생각하라. 그리하여 내 말에 사람들이 고개를 끄덕이는 모습을 즐기는 것이다. 머뭇거리지 말고 입을 열어라. 그 경험이 켜켜이 쌓이면서 자신감 넘치는 행동으로 이어져 당신을 새롭게 만들어 갈 것이다.

 여기서 잠깐만~!

가급적 논쟁은 피하라

논쟁에서 진정으로 이기는 방법은 화제를 다른 곳으로 돌려 논쟁을 하지 않는 것이다. 논쟁이 계속되는 한 어느 한쪽이 이기기란 어렵다. 논쟁을 하려면 차라리 침묵을 하는 것이 좋다. 하지만 원치 않는 논쟁이 벌어졌을 때는 어떠한 경우에도 상대에게 먼저 말을 하게 하라. 침착한 표정으로 상대의 말을 듣는 표정을 짓는 것이 중요하다. 상대의 말은 존귀하며 한마디라도 흘릴 것이 없다고 생각하는 것이다. 그러한 표정을 짓는 동안 상대는 논쟁에 대한 의욕이 꺾이며 그동안 당신은 화제를 돌릴 만한 적당한 말을 포착할 수 있다.

대화에도 정리의 기술이 따른다

고등학교 동창회 모임에 여러 친구들이 모였다. 그 가운데 직장을 다니는 친구들은 대부분 주식 투자를 하고 있었다. 그러자 그들은 한데 모여 모 기업의 주식이 유망하다느니, 어떤 친구가 대박을 터뜨렸느니 하면서 이야기꽃을 피웠다. 하지만 농사를 짓거나 자영업에 종사하는 많은 친구들은 혀를 차게 된다. 오랜 만에 동창들 얼굴 보면서 친목을 도모해야 할 자리에 난데없는 주식이 주인 행세를 하고 있기 때문이다. 그들로서는 주식 시장이 어떻게 돌아가는지 알지도 못하고 알아야 할 필요성도 느끼지 못한다. 그러니 얼마나 짜증이 나겠는가. 그런 때 당신이 이런 방식으로 나서서 대화를 정리해 준다면 친구들에게 좋은 인상을 주게 된다. 여러 사람이 모인 대화의 자리에서는 특히나 정리의 기술이 필요하다.

"자, 주식 시장이 어떤지는 차차 이야기하고 지금은 우리들의 시장을 띄워보는 게 어때. 자, 김승민! 요즘 약초 재배 단지를 확장했다는데 그쪽 전망은 어떠냐?"

동창회라면 이렇게 친구들의 현재 당면 과제를 걱정해 주고, 그들과의 추억을 이야기하면서 우의를 다지는 데 중점을 두어야 한다. 그렇게 여러 사람들과 이야기를 나누다 보면 자신의 일에 관심을 갖는 친구도 나타날 것이고, 나중에 공통의 관심사에 대해 의견 교환을 할 시간이 생긴다. 비즈니스맨들이 가장 즐겨 쓰는 화법 가운데 '만일~하다면 어떻게 될까요?'라고 말하는 경우가 많다. 어떤 자리든 사람들에게 이렇게 물으면 각자 의견을 말할 수 있으므로 자연스럽게 대화를 나눌 수 있다.

학연, 지연 등에 얽매인 정치 이야기나 자칫하면 분쟁을 일으킬 수 있는 종교적인 이야기보다는 실전적인 화제를 제시해 주는 것이 훨씬 안정적이다. 그리고 몇 사람만이 독점하는 전문 분야의 화제는 피하는 것이 좋다.

"현재 주거 문제가 심각한데, 정부의 4·1 부동산 대책과 관련한 입법화를 어떻게 추진해야 좋을까?"

"한미 FTA는 한국 경제에 어떤 영향을 미칠까요?"

이렇듯 어려운 질문을 하면 그 분야의 전문가는 자신 있게 말할 수 있겠지만 그쪽에 문외한인 나머지 사람들은 꿀 먹은 벙어리가 될 수밖에 없다. 일상생활에서도 그와 같은 소외는 자주 일어난다.

외교관으로 평생을 보낸 전 미 국무장관 헨리 키신저는 최고의 화술가로 꼽히는데, 그가 제일 잘했던 것이 바로 남의 의견을 물어보는 것이었다. 그는 여러 분야의 전문가였음에도 상대방에게 기회를 주기 위해 자주 말을 끊고 이렇게 물었다.

"당신은 어떻게 생각하십니까?"

그는 또 대화에 적극적이지 않은 사람일수록 가까이에 앉히고 자신의 대화 속으로 끌어들이기 위해 애썼다. 만일 그날의 대화가 교육이라면 그 사람에게 이렇게 묻는다.

"아드님이 하버드에 다닌다죠? 그쪽의 교육비는 얼마나 되나요?"

이런 식으로 묻는 데야 당사자가 도저히 입을 열지 않을 수가 없다.

 여기서 잠깐만~!

열정을 가지고 말하라

정열적으로 말을 하는 사람은 그렇지 않은 사람에 비해 더 많은 관심 분야가 있게 마련이다. 그런 사람의 말 속에는 활기찬 기운이 흘러넘치고 그것은 공기를 타고 옆 사람에게 전해진다. 말에 확신이 있으므로 제스처도 힘이 있다. 목소리와 표정이 확신에 차 있으면 듣는 사람은 저절로 신뢰하게 된다. 따라서 말 속에 힘이 느껴지도록 하는 것은 말하는 사람으로서 갖추어야 할 기본적 요건이다. 말하는 사람이 자신의 생각을 확신에 찬 음성으로 말할 때 지지자는 반드시 생긴다.

예스(Yes)를 이끌어내라

한 신사가 시카고의 미시간 거리에서 양복 가게 창문을 통해 멋진 회색 양복을 발견했다. 그는 양복을 살 생각은 없었지만 가격이 궁금해서 문을 열고 고개를 들이민 채 판매원에게 물었다.

"저기 진열된 양복 가격이 대체 얼마나 합니까?"

그러자 손님이 안으로 들어오지 않는 이상 그 양복을 팔 수 없다는 것을 잘 아는 판매원은 미소를 지으며 이렇게 대답했다.

"네, 손님, 제가 가격을 알아보는 동안 잠깐 안으로 들어와 주시겠습니까? 밖이 몹시 춥지요?"

판매원은 양복 가격을 잘 알고 있었다. 하지만 가격 대신 손님께 신중한 태도를 보임으로써 반강제로 양복을 팔려는 듯한 의도를 없앴다. 신사가 안으로 들어오자 판매원은 친절하게 의자를 권한 다음 손님 사이즈에 맞는 양복 치수를 찾아와서 자세히 설명하기 시작했다.

그리하여 채 2분도 되기 전에 신사는 탈의실 안에서 관심 있게 보았던 양복을 입어보았다. 옷감의 부드러운 촉감과 디자인이 맘에 들어 가격을 알아봤더니 50달러라는 것이었다. 신사는 몹시 비쌀 것이라고 여기고 들어갔는데 생각보다 가격이 싸자 속으로 양복을 사야겠다는 생각을 굳혔다.

사실 그는 그보다 훨씬 비쌀 것으로 알았던 것이다. 하지만 창문 밖에서 옷을 구경할 때는 35달러나 되겠지 하면서 자신이 그 옷을 사리라고는 생각지 않았다. 만일 판매원이 친절하고 편안하게 소개하지 않았다면 35달러도 비싸다고 여겼을 것이다. 또 처음에 입어본 양복이 너무 크거나 작았더라도 당연히 사지 않았을 것이다.

신사는 충동적으로 양복을 사고 말았다. 알고 보니 수많은 신사들이 그 양복 가게에서 그 판매원의 소개로 양복을 사 입고 있었다. 만일 그 신사가 가게 밖에서 처음 가격을 물었을 때 '50달러입니다.'란 대답을 들었다면, '고맙습니다.' 하면서 뒤도 돌아보지 않고 떠나버렸을 것이다.

상대편의 입에서 '예스'라는 대답을 이끌어 내는 방법은 이와 같이 나의 입장보다 상대편의 입장으로 대하면 된다. 그것은 자칫 오해로 갈라질 수 있는 어떤 관계들을 오히려 끈끈한 신뢰감으로 맺어준다.

어떤 경우에도 상대방에게 우선 긍정적인 반응을 끌어내야만 한다. 상대방이 일단 '노'라고 말하게 되면 그 말을 다시 번복시키기란 참으로 어려운 노릇이다. 왜냐하면 한 번 부정적인 입장을 취한 문제에 대하여 예스라고 말하기에는 자존심이 허락하지 않기 때문이다.

우리가 이와 같은 생각을 염두에 두고 있다면 대인관계의 실패를 절반 이상 줄일 수 있다. 이처럼 예스를 끌어내기 위해서는 상대를 인정하고 그 입장에서 생각하고 말하는 것이 중요하다. 이 말의 뜻을 진정으로 이해하는 사람이라면 다음과 같은 소리를 입 밖에 내서는 안 된다.

"그렇지 않아."

"그건 자네가 몰라서 하는 소리야."

이렇게 해서 얻어지는 것은 아무것도 없다. 자기주장이 묵살당했는데 대신 상대의 주장을 받아들여 줄 성인군자는 세상에 없기 때문이다. 상대의 자존심을 지켜주라. 그러면 상대도 역시 나의 자존심을 건드리지 않으려 조심할 것이다.

 **여기서 잠깐만~!**

예스맨 콤플렉스에서 벗어나자

예스맨이란 누가 어떤 부탁을 해도 항상 '예스'라고 말하는 사람이다. 다른 말로 하면 착한 사람이라고 할 수 있다. 누군가 곤란한 부탁을 해 올 때 속으로는 싫어도 대답은 벌써 '그래, 좋아.'를 외치고 있다면 바로 예스맨 콤플렉스에 사로잡힌 사람이다. 그들은 남의 평가와 시선을 매우 중요하게 생각한다. 어떤 경우에도 타인에게 좋지 않은 평가를 받는 것을 견디지 못한다. 때문에 속으로는 울면서도 겉으로는 한없이 착하고 좋은 사람처럼 남의 부탁을 거절하지 못하는 것이다. 남들의 평가에서 벗어나라.

서로가 일치된 생각을 나눌 수 있는 문제로부터 스타트한다

시티 은행의 평범한 출납 계원이었던 제임스 에버슨은 고객의 마음을 잘 배려함으로써 바늘구멍 같은 경영자의 반열에 올랐다. 그는 햇병아리 시절, 계좌를 만들려는 고객들이 창구에 들어서면 신청 용지를 기입하게 하고 접수하는 일을 맡았다.

그런데 문제가 있었다. 고객들은 에버슨이 인적 사항을 물으면 경계심을 품고 말해주려 하지 않았다. 짜증이 난 그는 종종 고객들에게 계좌를 개설해 줄 수 없다고 선언하곤 했다. 이런 대응은 자연히 부진한 실적으로 이어졌고 은행의 나쁜 평판으로까지 이어졌다.

결국 자기 잘못을 반성한 에버슨은 고객의 입장에서 일을 처리해야겠다고 마음먹고 신규 고객의 대응 노하우를 생각했다. 우선 처음부터 예스라는 긍정적인 대답을 이끌어내겠다고 다짐했다. 하지만 쉬운 일이 아니었다. 그의 마음가짐은 바뀌었지만 고객들의 마음가짐은 그대로였기 때문이었다. 곰곰이 궁리한 끝에 에버슨은 고객들에게 이렇게 말해주었다.

"손님의 마음에 들지 않는 사항은 기입하지 않아도 좋습니다. 그런데 만약 선생님께서 예금을 하신 후 불의의 사고라도 당하신다면 어떻게 하시겠습니까? 그럴 때를 대비해서 법적으로 가장 가까운 분께 저희가 통보할 수 있도록 조치를 취해 두는 것이 좋지 않을까요?"

"아, 그렇겠군요."

고객이 그 말에 공감을 표시하면 그는 말을 덧붙였다.

"그럴 경우 저희들이 신속하게 일을 처리하기 위해서는 아무래도 선생님과 제일 가까운 분의 성함을 알아두는 것이 좋지 않겠습니까?"

"네. 그래야겠지요."

그러면서 고객은 두말없이 가족 친지들의 이름과 주소를 기입했다. 그것은 그 기록이 은행을 위해서가 아니라 자신의 예금을 위한 것이라는 믿음을 갖게 되었기 때문이다.

인생의 가장 중대한 법칙 가운데 하나는 '무슨 일에든 남들은 나와 다른 생각을 한다는 것이다.' 그래서 비즈니스맨들은 다른 사람들과 이야기를 나눌 때 처음부터 서로의 견해가 다른 주제를 꺼내서는 안 된다. 쌍방이 일치된 생각을 나눌 수 있는 문제로부터 시작해야만 한다. 그것은 서로가 같은 목적을 위해 노력하고 있다는 점을 드러냄으로써 더욱 친밀감을 가져다준다는 것을 명심해야 한다.

 여기서 잠깐만~!

상대가 말문을 열 수 있도록 허점을 보인다
'물이 너무 맑으면 물고기가 없다'는 속담이 있다. 마찬가지로 지나치게 완벽한 사람에게는 주변에 사람이 모여들지 않는 법이다. 다른 사람들에게 약간의 허점을 보여 줄 수 있는 것 또한 전략이라 할 수 있다.

말과 관련한 좋은 명언이나 금언

* 말로 하는 사랑은 쉽게 외면할 수 있으나 행동으로 보여주는 사랑은 저항할 수가 없다.
  - 무니햄

* 말만 하고 행동하지 않는 사람은 잡초로 가득 찬 정원과 같다.
  - 하우얼

* 말 수가 적고 친절한 것은 여성의 가장 좋은 장식이다.
  - 톨스토이

* 말하자마자 행동하는 사람, 그것이 가치 있는 사람이다.
  - 엔니우스

* 맹세는 말에 지나지 않고 말은 바람에 지나지 않는다.
  - 버틀러

* 무슨 이야기를 하기 전에 생각할 여유가 있거든 그것이 말할 만한 가치가 있는가 없는가, 말할 필요가 있는가 없는가를 먼저 생각하라.
– 앙리 드 레니에

* 남의 말을 잘 듣는 사람이 된다는 것은 확실히 쉽지 않은 일이고 또한 말 잘하는 사람이 된다는 것과 같을 정도로 중요하다.
– 에이브리

* 성공의 비결은 남의 험담을 결코 하지 않고 장점을 들추어 주는 데 있다.
– 벤저민 프랭클린

* 내용 없는 말을 하는 사람은 실천에 약하다.
– 셰익스피어

* 모든 사람에게 너의 귀를 주어라. 그러나 너의 목소리는 몇 사람에게만 주어라.
– 셰익스피어

* 누구도 자기가 하는 말이 다 뜻이 있어서 하는 것이 아니다. 그럼에도 자기가 뜻하는 바를 모두 말하는 사람은 거의 없다.
  - 애덤스

* 아는 자는 말하지 않고, 말하는 자는 알지 못한다.
  - 노자

* 당신이 수다를 떨면 떨수록 사람들은 그만큼 당신이 한 말을 기억하지 못한다.
  - 페네롱

* 진정한 웅변은, 필요한 말을 전부 말하지 않고, 필요치 않은 것은 일절 말하지 않는 것.
  - 라 로슈코프

* 가만히 보면 우리들이 평소에 나누는 대화는 신문이나 잡지, 다이제스트 따위를 훑어보고 얻은 사실이나 이론을 인용해 서로가 이렇다 저렇다 하며 자기 주장을 내세우는 것에 불과하다.
  - 헨리 밀러

* 금속은 소리로 그 재질을 알 수 있지만 사랑은 대화를 통해서 서로의 존재를 확인해야 한다.
  - 그라시안